# A influência dos Padrões Familiares

## NA SUA VIDA ATUAL

DAVID FURLONG

# A influência dos Padrões Familiares

## NA SUA VIDA ATUAL

*Tradução*
MARÍLIA DE MOURA ZANELA

EDITORA CULTRIX
São Paulo

**Aos meus antepassados**

Título do original:
*Healing Your Family Patterns*
*How to Access the Past to Heal the Present*



Publicado pela primeira vez em 1997 pela Judy Piatkus (Publishers) Ltd.
5 Windmill Street, Londres W1P 1HF

| Edição | Ano |
| --- | --- |
| 1-2-3-4-5-6-7-8-9 | 99-00-01-02-03 |

Direitos de tradução para o Brasil
adquiridos com exclusividade pela
EDITORA CULTRIX LTDA.
Rua Dr. Mário Vicente, 374 – 04270-000 – São Paulo, SP
Fone: 272-1399 – Fax: 272-4770
E-mail: pensamento@snet.com.br
http://www.pensamento-cultrix.com.br
que se reserva a propriedade literária desta tradução.

*Impresso em nossas oficinas gráficas.*

# Sumário

Introdução 7

**Parte 1: Mapeamento do Território**

1. O papel de nossos ancestrais 19
2. Os ancestrais nas religiões e nos mitos 36
3. Padrões familiares 54
4. Esses genes indefiníveis 69
5. Como elaborar uma árvore genealógica 89

**Parte 2: A Cura da Árvore Genealógica**

6. Como enfrentar o passado 113
7. Como selecionar os ancestrais 129
8. Como solucionar os conflitos ancestrais 139
9. Cura energética 156
10. A moradia dos ancestrais 185

Epílogo 195
Glossário 197
Bibliografia e leitura recomendada 204

## Agradecimentos

Gostaria de agradecer a todos aqueles que me ajudaram a formular as idéias contidas neste livro e, em particular, aos colegas que trabalharam comigo na investigação de nossos padrões ancestrais. Entre eles, gostaria de agradecer particularmente a April Taylor, Beatrice Duckworth, Karen Craig, Lady Mary Jardine, Shirley Newton, Jane Howell, Jan Morris, Joyce Harper, Paddy Clarke, Rosemary Atherton, Jackie Newton, Brian e Sheila Heaton Ross e Gerri Kimber pela ajuda e contribuição que recebi de cada um deles. Agradeço também à minha madrasta, Nancy Furlong, pela pesquisa que realizou para colher informações sobre a minha própria árvore genealógica.

Agradeço às contribuições valiosas de Deepak Chopra, de John Bradshaw, de Monica McGoldrick, de Randy Gerson, de Rupert Sheldrake e do dr. Motoyama, pela pesquisa na área e pelos excertos de seus trabalhos dos quais me utilizei.

Finalmente, gostaria de expressar minha gratidão ao dr. Kenneth McAll, o autor de *Healing Your Family Tree*, por seu discernimento como pioneiro na área da cura ancestral.

# Introdução

Todos nós temos antepassados – pessoas reais que viveram, respiraram e tiveram emoções e sentimentos semelhantes aos nossos. Em alguns casos, nossos antepassados tiveram uma vida feliz e bem-sucedida; em outros, eles morreram carregando sentimentos de culpa, raiva, ressentimento, medo ou remorso. Você é o produto de seus antepassados, e uma fração da complexa tapeçaria da vida deles faz parte de você.

## PADRÕES FAMILIARES

Começando por seus pais, sua linhagem ancestral se duplica a cada geração. Se contar dez gerações para trás, você verá que existem mais de mil antepassados diretos em sua árvore genealógica. Em mil anos, ou em 32 gerações, o número terá alcançado a cifra surpreendente de 4 1/4 bilhões, quase se igualando à atual população mundial. Uma geração a mais e terá dobrado novamente, portanto é fácil verificar que nós somos todos aparentados. É evidente que qualquer padrão ancestral com base genética surtirá uma influência maior nas primeiras gerações.

Muitas pessoas se lembram de um ou até mesmo de todos os avós, mas pouquíssimas conheceram seus bisavós. Alguma vez você já parou para pensar em que tipo de pessoas os seus bisavós foram? Provavelmente nasceram no século XIX e viveram um estilo de vida muito diferente do atual. Contudo, apesar das mudanças tecnológicas que têm ocorrido desde então, os temas que fundamentaram a vida deles são semelhantes aos seus. Os relacionamentos humanos, os esforços para conseguir pagar as contas e as preocupações com relação à saúde eram tão relevantes naquela época quanto são hoje. Se seus bisavós levavam uma vida feliz, produtiva, ou se eles se curvavam sob o fardo das lutas diárias pela sobrevivência, isso deve ter sido resultado de muitos fatores, assim como acontece com você. Algum dia você já especulou até que ponto a vida deles espelha a sua própria, ou quanto eles ainda podem estar influenciando você atualmente?

No seu livro *Karma and Reincarnation,* o dr. Hiroshi Motoyama, monge superior da seita xintoísta Tamamitsu, do Japão, faz esta observação profunda:

> A ligação pai/filho se manifesta como um elo numa longa corrente de karma, que se estende em direção ao passado, ao longo do tempo. A ligação que você tem com a família é o que torna possível o seu nascimento naquela linhagem específica – trata-se de uma ligação que precisa ser compreendida e respeitada. Na era científica em que estamos vivendo, é muito difícil para as pessoas aceitar o fato de que têm responsabilidade para com os seus antepassados, que elas estão, na realidade, sujeitas às ações de seus ancestrais, se o karma resultante ainda não tiver sido resgatado. Muitos acham um absurdo pensar que os atos de um antepassado desconhecido possam estar ligados aos seus próprios. Mas, ao investigar o karma de uma pessoa, sempre encontro problemas relacionados a muitas gerações passadas. O espírito de vocês não é simplesmente uma entidade individual, mas faz parte também do espírito da família que o gera e sustenta.

A Ciência nos diz que herdamos, pelos genes, nossa forma física, a cor dos olhos e do cabelo, e, em menor grau, a nossa estrutura mental e psicológica. Tudo o mais, segundo se diz, é resultado de nossas experiências de vida. O debate natureza/criação (veja no

Capítulo 1) tem encontrado, desde os tempos de Darwin, muitos argumentos fortes da parte de ambas as facções, nos círculos acadêmicos. Mais recentemente, os terapeutas de família perceberam a existência de padrões repetitivos de comportamento e de experiência que parecem persistir por um certo número de gerações, afetando uma pessoa aqui, outra lá. Existe, evidentemente, algo muito profundo atuando na dinâmica familiar.

O dr. Motoyama afirma que ocasionalmente precisamos nos reportar a muitas gerações atrás para resolver padrões familiares, embora na prática as três gerações anteriores, até a dos bisavós, sejam as mais importantes. Incluindo os pais, isso totaliza catorze pessoas.

O argumento central deste livro, portanto, é o de que seus antepassados imediatos transmitiram a você muito mais do que seus atributos físicos. As facetas importantes da vida deles – seus sucessos, fracassos e temperamentos – também se refletem em você.

Desde a infância, a escritora Murry Hope interessou-se profundamente pela Revolução Russa. Todas as vezes em que assistia a filmes ou lia histórias sobre esse período, ela ficava agitada ou se emocionava profundamente. A uma certa altura, achou que isso talvez se devesse a uma recordação de vida passada, mas muitos anos mais tarde ela descobriu que um dos seus ascendentes diretos tinha vivido naquela época. Até certo ponto, Murry sentiu que estava revivendo, por intermédio da memória celular, os sentimentos e as impressões do antepassado morto.

Como veremos ao investigar esse assunto fascinante, os padrões do passado não respeitam o tempo. Os filmes da vida de nossos ancestrais parecem rodar repetidas vezes durante nossa própria vida. Esse pode parecer um pensamento estranho e perturbador, mas temos de nos lembrar que esses padrões nem sempre são prejudiciais; também podemos contar com as qualidades positivas dos nossos ancestrais.

# A CURA POR INTERMÉDIO DE NOSSOS ANTEPASSADOS

Este livro mostrará não só os mecanismos pelos quais a vida de nossos ancestrais nos influencia, mas também, e com maior ênfase, o que pode ser feito para mudar ou resolver os padrões problemáticos. A busca para entender as causas dos problemas psicológicos ou emocionais tem incentivado os terapeutas a examinar ainda mais profundamente os padrões inatos que carregamos. Os terapeutas de família, especialmente, têm reconhecido a importância da dinâmica ancestral, à medida que padrões específicos dos avós e bisavós se entrelaçam de uma geração para outra. Nos muitos cursos que tenho oferecido sobre o tema da cura ancestral, jamais deixei de me surpreender com o potencial energético que recebemos de nossos antepassados, até mesmo nos casos de indivíduos que jamais conheceram os pais naturais ou qualquer membro da família.

A minha descoberta da necessidade de estudar esse aspecto da dinâmica humana surgiu da prática de mais de 28 anos como agente de cura e conselheiro espiritual. Durante muito tempo, pressenti que os problemas psicológicos de alguns de meus clientes tinham origens ancestrais. Apesar disso, jamais havia pesquisado em profundidade esse aspecto da cura até começar a escrever *A Cura Total.** Compreendi, então, que só poderia apresentar de fato o assunto da "cura ancestral" no livro se tivesse realizado meu próprio estudo. Felizmente, na época eu estava coordenando uma série de grupos de treinamento, e juntos empreendemos a tarefa de estudar nossos padrões familiares individuais e o que poderia ser feito para corrigir aspectos em desarmonia.

Dizer que me surpreendi com o resultado desse estudo seria pouco. Foi como destampar um caldeirão fervente, cujo conteúdo tivesse uma potência assombrosa. No meu caso específico, ficou

* Publicado pela Editora Pensamento, São Paulo, 1998.

claro que esse caldeirão estava transbordando inconscientemente nos padrões da minha vida desde a infância. Ao retirar a tampa, a pressão diminuiu e isso me deu a oportunidade de experimentar e melhorar o ensopado que estivera cozinhando por tantos anos. Assim sendo, devo também a meus colegas de trabalho o fato de os resultados dessas descobertas fazerem parte deste livro. Usando as técnicas simples que apresento neste livro, é possível verificar que lado da sua família influencia mais sua psique e em que ponto os desequilíbrios estão localizados.

Num caso em particular, um cliente que sofria freqüentemente de indisposição já havia algum tempo tinha tomado consciência da dominação possessiva do pai, que acabou por lhe causar problemas psicológicos. Aparentemente, essa era a origem de seus problemas de saúde. Durante uma sessão, ao usar técnicas de visualização orientada e cinestésicas, descobriu-se que as origens de seus problemas se encontravam não no pai do rapaz, mas na avó dele (mãe de seu pai). Quando concentramos nossa atenção na cura de seu antepassado, ocorreu uma mudança radical, tanto no relacionamento do cliente com o pai, como também no comportamento do pai de maneira geral. Por sua vez, isso fez com que a saúde do cliente melhorasse sensivelmente. Ao curar a avó, ele havia na realidade curado a si mesmo.

*Para sermos seres plenos, precisamos nos conhecer, o que significa compreender todos os fatores que estão entrelaçados em nossa vida.*

Conhecer é poder: quando reconhece os padrões ancestrais, você tem a oportunidade de mudar ou transformar o que não está em harmonia. A parte excitante desse trabalho de transformação é a possibilidade de ajudar não só a si mesmo, mas também a todas as gerações subseqüentes. Mas você não pode mudar o que não conhece, então, é preciso antes saber por que os seus ancestrais são importantes.

Existe atualmente uma forte tendência para se investigar e compreender os padrões que formam nossa personalidade. Muitas pessoas estão interessadas na vida de seus antepassados – é o que testemunha o grande número de sociedades genealógicas ou que se dedicam à história de família, bem como os cursos oferecidos por instituições educacionais. Para muitos, isso se tornou um passatempo interessante, que envolve um considerável trabalho de detetive para tentar reconstituir a árvore genealógica desde os tempos mais remotos possível. Outros têm o palpite de que seus padrões ancestrais são importantes, sem saber exatamente por quê. Em algumas situações, a pessoa pode reconhecer uma tendência a agir de um certo modo ou a repetir determinados padrões de comportamento, quando descobre que membros já falecidos de sua família fizeram a mesma coisa. Em outros casos, a pessoa tem um forte sentimento de que facetas de seus conflitos interiores atuais podem ter surgido em gerações passadas.

Num artigo do *Daily Mail,* de fevereiro de 1995, o conhecido instrumentalista *pop* Mike Oldfield contou como ele estava se empenhando para descobrir as origens de seus problemas psicológicos. Ele descobriu que seu avô havia voltado das trincheiras da Primeira Guerra Mundial traumatizado e radicalmente mudado, e foi isso que originou o sofrimento transmitido a toda a família. Os quatro filhos de seu avô sofreram muito, e a mãe de Oldfield mergulhou no esquecimento com a ajuda do álcool, de drogas e do conseqüente tratamento à base de choque elétrico. A fim de livrar-se de alguns de seus problemas emocionais, ele precisou trabalhar com um terapeuta, para poder resolver aquilo que o avô tinha desencadeado.

Em seu livro *Healing the Family Tree,* o dr. Kenneth McAll, psiquiatra, conselheiro e membro associado do Royal College of Psychiatrists, conta a história de uma mulher que o havia procurado devido a uma fobia por água, relacionada a afogamento. Esse medo havia começado depois que ela viu os filhos caírem de um barco, embora estivessem num lago raso e não corressem perigo. Uma pesquisa sobre a árvore genealógica da família revelou que um tio havia morrido afogado quando o *Titanic* afundou.

O método de tratamento do dr. McAll foi, do ponto de vista ortodoxo, bastante bizarro. Ele organizou um funeral no qual sua paciente tomou parte ativa. A partir daquele momento, ela libertou-se completamente do medo de morrer afogada. Ao tratar um antepassado, ela havia se curado completamente. É interessante notar que, nesse caso, não se tratava nem mesmo de um antepassado direto; contudo a história capta muito bem o espírito da responsabilidade familiar, defendida pelo dr. Motoyama. Essa responsabilidade nos dá a esperança de curar problemas que nos são transmitidos por nossa família. Este livro é dedicado a esse processo e nos oferece a excitante perspectiva de que, ao tratarmos o passado, podemos também melhorar o futuro. Em outras palavras, eliminando o karma familiar, os padrões familiares, é possível não só esclarecer a situação para si próprio, mas também livrar as gerações futuras do problema.

## O VALOR DA CURA ANCESTRAL

Existem, portanto, três razões principais pelas quais você muito se beneficiará, se procurar entrar em contato com seus padrões ancestrais e dissipá-los. Isso o ajudará a:

- Ter introvisões e a conhecer os padrões inatos que fazem parte de sua vida
- Resolver o karma familiar, libertando do sofrimento as gerações futuras
- Curar doenças ou problemas específicos que tiveram origem com seus antepassados

Essa parece ser uma tarefa difícil, principalmente se você já estiver enfrentando traumas de infância ou problemas de vidas passadas. Mas na prática esse processo não precisa ser tão complicado. Na realidade, uma dinâmica poderosa vem à tona quando você se empenha para ajudar os outros e, ao desviar a atenção de si mesmo e se voltar para os seus antepassados, você em geral consegue resolver bloqueios de outros tempos. Em minha experiência, muitos problemas entre pais e filhos tiveram sua origem em padrões ancestrais. A resposta para alterar algumas das características de sua vida só pode ser encontrada por meio desse trabalho com a árvore genealógica.

Mudanças radicais ocorrem em algumas pessoas – como, por exemplo, no caso já mencionado, da mulher que perdeu o medo de morrer afogada, principalmente quando se trata de questões emocionais ou psicológicas. Em outras pessoas, as mudanças são menos óbvias, embora igualmente importantes, à medida que novas introvisões e idéias se entrelaçam na vida delas. Nos vários cursos que dei sobre o assunto, e no trabalho com meus próprios pacientes, jamais encontrei alguém que não tenha se beneficiado ao entrar em contato com sua herança ancestral.

## A PERSPECTIVA DA CIÊNCIA

Os padrões ancestrais podem ser vistos de duas maneiras:

- Carregamos na nossa estrutura genética a constituição de nossos antepassados, o que inclui tendências psicológicas e emocionais, bem como nossa estrutura física
- Existe um vínculo psíquico que une os membros de uma família ao longo do tempo

Esses dois conceitos, que serão examinados com mais profundidade neste livro, encontram-se atualmente no lumiar do conhecimento científico, ou até mesmo além dele; assim sendo, uma das tarefas propostas será apresentar provas suficientes de como essas idéias podem contribuir para os padrões que moldam nossa vida.

O consenso atual da ciência é o de que todos os traços hereditários originam-se da molécula do DNA. As pesquisas genéticas lideram os estudos biológicos, e descobertas são feitas regularmente, anunciando a possibilidade de se encontrar a cura para algumas doenças hereditárias. O mapeamento do DNA é hoje um grande negócio, com elevadas somas de dinheiro sendo gastas para descobrir benefícios em potencial. Entretanto, a padronização ancestral indica que talvez haja a necessidade de se formular um modelo diferente — em que os genes, em vez de ser repositórios de informação codificada, possam ser simplesmente retransmissores que se originam de outra fonte, nível ou campo (assim como o rádio não é a fonte da informação transmitida). Essa idéia, postulada por Rupert Sheldrake em suas teorias sobre os campos morfogenéticos, será vista em mais detalhes no Capítulo 4.

## COMO TRABALHAR COM ESTE LIVRO

A Parte 1 examina as diferentes crenças relacionadas com nossos ancestrais e investiga o papel do DNA em nossa formação genética, bem como os modos pelos quais se pode reconstituir árvores genealógicas. Nessa parte, encontram-se também muitas evidências, extraídas de terapias de família, de que os padrões de experiência ou de disfunções são transmitidos ao longo das gerações. Os capítulos de 1 a 5 têm por objetivo combinar alguns desses aspectos das diferentes crenças e introvisões, tiradas de várias disciplinas terapêuticas, científicas e espirituais.

Na Parte 2, o enfoque será os diferentes métodos que podem ser adotados para se mudar influências hereditárias indesejáveis. Você pode estar curioso para saber quais são essas influências, ou pode até já estar consciente de alguns de seus padrões hereditários. Um pouco de dedicação e de esforço nesse sentido podem ser bastante compensadores, até mesmo se você estiver se sentindo bem e equilibrado. Tenho me surpreendido com os resultados conseguidos, até mesmo com pessoas bem-ajustadas, e com as valiosas oportunidades que têm surgido ao se tratar alguns problemas do passado.

Sugiro aqui duas idéias:

- Se você tem sofrido algum tipo de doença ou desarmonia em sua vida, seja ela física, emocional, mental ou espiritual, a origem dela pode ser ancestral. Isso acontece quando outros membros de sua família apresentam ou manifestam características semelhantes.
- Em segundo lugar, a partir de uma perspectiva mais ampla, todos nós temos uma certa responsabilidade pelo karma de nossa família. Se o benefício maior está no fato de que ele flui em nós, bem como em nossos filhos ou outros membros da família, equilibrar a árvore genealógica é uma parte importante do processo, pois dissipa energias para gerações presentes e futuras. Como é bom encarnar numa família que tem um karma positivo! Se os que estudam o conceito de reencarnação estiverem certos, aquela alma do passado pode ser você.

# PARTE 1

# MAPEAMENTO DO TERRITÓRIO

## *Capítulo 1*

# O Papel de Nossos Ancestrais

Para entendermos a importância de nossos ancestrais na nossa vida, precisamos examinar brevemente a natureza de quem e do que somos. Há muito tempo cientistas vêm debatendo sobre a questão natureza *versus* criação – hereditariedade ou ambiente. Ambos são fatores importantes, mas saber qual dos dois é predominante tem ocupado a mente de muitos pensadores. As opiniões têm oscilado de um pólo a outro, dependendo da corrente seguida pela pesquisa e do tipo de política adotada. Na Alemanha nazista, por exemplo, a genética era o fator principal, o que resultou na crença de uma supremacia ariana e na inferioridade das outras raças. Nos regimes socialistas, por outro lado, o ambiente e a criação são considerados os fatores principais que moldam a cultura. Do ponto de vista individual, isso pode ser resumido pela tentativa de se determinar até que ponto um padrão ou efeito em nossa vida é resultado das influências ambientais de nossa criação e até que ponto é resultado de nossa herança genética.

### O FATOR AUSENTE

Contudo, um ponto central é sempre ignorado nesse debate fascinante: a influência de nosso eu espiritual ou essência vital, a faceta motivadora que reside em todas as coisas vivas. Simplificando, é aquilo que determina se um organismo está vivo ou morto. Entre os seres humanos, esse fator tem recebido nomes diferentes, mas não importa se optamos por chamá-lo de consciência mais elevada, alma ou outro termo qualquer. A importância reside no modo pelo qual ele injeta uma terceira dimensão crucial na equação natureza/criação.

A questão que surge, então, é a de como esse elemento afeta ou modifica os outros dois aspectos. Para se tentar qualquer avaliação significativa, precisamos examinar a evidência encontrada entre aqueles que estiveram à beira da morte e que passaram pelo que tem sido chamado de experiência de quase-morte ou EQM.

## EXPERIÊNCIA DE QUASE-MORTE

Atualmente, muitas pessoas estão familiarizadas com esse conceito – uma experiência que quase sempre tem um efeito profundo sobre todos os envolvidos. A pessoa em questão tem plena consciência de estar separada do corpo e de ver as coisas à sua volta num nível diferente de percepção. Por exemplo, ela pode ver o seu eu físico de cima e testemunhar os esforços da equipe médica tentando reanimá-lo. Pode acontecer também que essa pessoa sofra uma aparente transferência para um outro plano da realidade, onde ela tem uma sensação de grande paz e às vezes encontra parentes já falecidos, ou outras pessoas, que se comunicam com ela. Nesse ponto, a pessoa é informada de que ainda não chegou sua hora de morrer, e ela se sente transportada novamente para o próprio corpo.

Segue-se um exemplo típico tirado de um artigo do *Daily Mail,* escrito por Graham Turner em 1995. O artigo relata as experiências de uma senhora, com pouco mais de quarenta anos, que quase morreu de pneumonia. Desligando-se do corpo, ela viajou por um túnel de luz e depois percebeu que estava num campo muito bonito. A história continua:

À minha direita, havia um banco de madeira, do tipo que se encontra em parques. O banco não tinha braços. Nele estava sentado meu avô Tuck, que morrera havia oito anos. Caminhei até ele e sentei-me ao seu lado.

– Você está bem, garota? – ele perguntou.

– Estou – respondi. – Estou bem. – Ele parecia tão real para mim quanto minha filha Ângela. Estava vestido como sempre, com um boné velho de pano, uma jaqueta e um macacão, como se não tivesse morrido. É muito estranho relembrar isso agora.

Disse-lhe que eu não queria voltar.

– Você tem de voltar, garota – ele respondeu –, para o bem das crianças.

Eu não queria nem pensar nessa idéia e tampouco estava preocupada com as crianças. Recordo-me de pensar que meu marido era capaz de cuidar delas. Eu disse:

– Você voltará para me buscar quando chegar a minha hora, não vai?

Ao que ele respondeu:

– Sim, voltarei depois de quatro... – Em seguida ocorreu uma espécie de choque elétrico, e voltei para a unidade de terapia intensiva.

Essa história indica que o avô estava bem consciente do que estava acontecendo tanto à neta como aos filhos dela, e sabia o que era melhor para o futuro deles.

Em quase todos os casos, a pessoa que volta de uma EQM perde todo o medo da morte e adquire uma forte convicção na continuidade da vida. A partir desse momento, a morte é vista como uma maravilhosa transição para um outro estado. Essas experiências substanciam a idéia de que parte de nossa consciência sobrevive à morte do corpo físico e continua a existir em alguma outra dimensão. Se continuamos a existir depois da morte, existíamos antes do nascimento?

## NÓS VOLTAMOS?

Uma série de crenças religiosas afirma que pelo menos algumas almas voltam num corpo novo ou reencarnam. Talvez o pesquisador mais experiente nessa área seja o professor Ian Stevenson, da University of Virginia, que conduziu investigações exaustivas a respeito de relatos de lembranças de vidas passadas. Com a mente aberta a respeito do assunto, ele concluiu que é muito difícil explicar alguns casos, a não ser afirmando que essa parte de nossa consciência interior pode habitar ou retornar num outro corpo. Em alguns desses casos ele testemunhou marcas de nascimento ou defeitos físicos, que se equiparavam a ferimentos fatais sofridos por alguma outra pessoa em suas lembranças de vidas passadas. Num caso em particular, uma criança índia que era capaz de descrever com exatidão muitos detalhes de sua vida passada, até mesmo o interior da casa em que morava na época, havia morrido, em sua outra existência, de um ferimento de bala na têmpora. Na sua vida atual, uma marca de nascença na têmpora indicava a posição exata do ferimento original.

Isso indica que nossa consciência interior pode influenciar a constituição do nosso corpo. Como é formada pelo nosso DNA, ela pode conseqüentemente mudar ou alterar nossa herança genética. Essa é uma perspectiva intrigante.

Está claro que a extensão dessas mudanças é limitada, pois os filhos não exibem traços totalmente diferentes de seus pais. Contudo, se essa teoria da reencarnação estiver correta, ela pode explicar algumas das diferenças de temperamento que surgem entre gêmeos idênticos. Pelo menos na teoria, os gêmeos idênticos criados no mesmo ambiente deveriam exibir traços de personalidade muito semelhantes; contudo, na prática, eles geralmente têm temperamentos muito diferentes. No entanto, como veremos no Capítulo 4, os estudos de gêmeos também trazem à tona algumas anomalias fascinantes.

## A DINÂMICA DA VIDA

Seguindo essa linha de pensamento, sugiro que existem três forças ou padrões primários que atuam durante a vida. São eles:

- padrões originários do ambiente, que inclui a criação que recebemos
- padrões resultantes do material genético, que inclui todas as influências ancestrais
- padrões que se originam da consciência interior ou eu espiritual e que abrangem a vida passada e os padrões pessoais kármicos

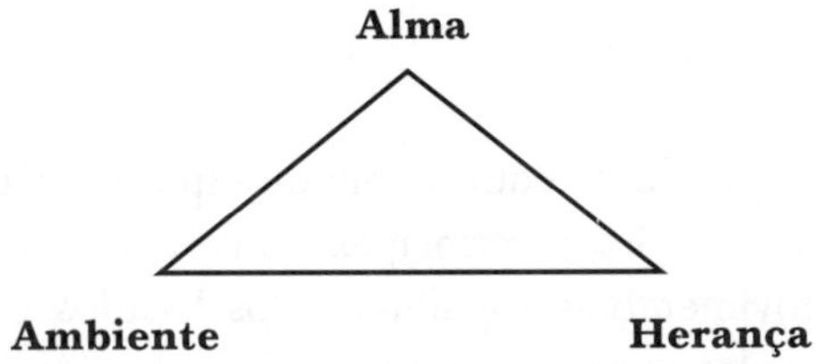


Cada um desses três elementos tem um papel importante na determinação dos rumos da nossa vida, e cada um deles precisa ser visto como parte integrante da equação que faz com que sejamos o que somos e quem somos. Qualquer um desses elementos ou todos eles juntos podem ser fatores que contribuem para a nossa má saúde.

## NOSSOS ANTEPASSADOS AINDA VIVEM?

Se a consciência sobrevive à morte do corpo físico, como muitas religiões atestam e a EQM comprova, então nossos ancestrais provavelmente continuam a viver em algum plano de existência, ou talvez eles reencarnem. Mas eles ainda têm alguma influência sobre nós? E nesse caso, de que maneira? Pode haver algum sentimento direto de intervenção, como no caso da energia de cura que é canalizada pelos ancestrais para os parentes (ver p. 26). Ou pode haver simplesmente uma proteção carinhosa, como foi sugerido pelo comportamento do avô da paciente, no caso da EQM. Se a consciência do antepassado, independente do plano em que possa existir, estiver bloqueada por um trauma interior, influências mais destrutivas podem ser geradas. Conseqüentemente, algumas marcas dos ancestrais podem ser benéficas, enquanto outras podem não ser tão proveitosas. Esse princípio está estreitamente relacionado a muitas outras crenças difundidas, sobre o modo pelo qual os antepassados influenciam nossa vida.

## Espiritismo

A comunicação direta entre o mundo espiritual e o plano terreno é uma das características principais da crença espírita. Fundado em 1848, o movimento se espalhou pelos Estados Unidos e pela Grã-Bretanha e alcançou o seu auge no final do século XIX, quando atingiu cerca de dois milhões de adeptos. Nas reuniões espíritas, os médiuns em estágios diferentes de transe ligam-se à alma de "entes queridos" que enviam mensagens a determinadas pessoas presentes na audiência. Na maioria dos casos, essas mensagens pretendem provar a existência da alma depois da morte; assim sendo, elas geralmente são enviadas por parentes próximos que "passaram para outra vida" há pouco tempo.

As inúmeras mensagens que têm sido entregues todos esses anos representam somente histórias informativas muito difíceis de ser verificadas ou negadas. Essas mensagens certamente levam conforto às pessoas que procuram acreditar na vida após a morte. É evidente que os antepassados estão, na maioria das vezes, preocupados com o dia-a-dia de seus parentes. O tipo de comunicação mais freqüente não trata da vida dos antepassados no reino celestial, ou mesmo da vida espiritual dos parentes vivos, mas sim daquilo que deveriam estar fazendo em seu cotidiano. O tipo de roupas que usamos, a comida que ingerimos, os perigos que temos que enfrentar, e assim por diante, são os principais temas dos conselhos que os antepassados nos mandam. É interessante notar que essa idéia, em sua essência, está de acordo com a tradição mais antiga da veneração aos antepassados, que geralmente defende a idéia de que a maior preocupação dos ancestrais é o bem-estar físico dos parentes vivos.

## Veneração dos ancestrais e sabedoria dos povos nativos

Embora a veneração aos antepassados esteja até hoje enraizada em sociedades primitivas, bem como em outras mais sofisticadas, como a chinesa, na cultura ocidental ela não é uma prática geralmente aceita. Esse é o resultado de muitos séculos de tentativas cristãs de desacreditar as crenças pagãs.

Entretanto, as culturas que reverenciam e veneram os ancestrais acreditam que eles ainda podem ter um papel valioso na vida dos parentes vivos, contribuindo para o bem-estar deles. Em sociedades e épocas em que a vida era difícil, era conveniente procurar todo o apoio que fosse possível – se isso fizesse algum sentido psicológico. Não devemos, contudo, descartar essas crenças. Os povos nativos mostram uma idéia clara a respeito de outras esferas de existência que não são tão óbvias para aqueles que os observam. O explorador Laurens Van Der Post, por exemplo, descobriu que os mateiros do deserto de Kalahari, na África do Sul, sabiam com antecedência qual dentre vários pilotos estaria no comando da aeronave que pousaria em sua pista de aterrissagem, embora não houvesse comunicação direta pelo rádio. Os habitantes das vilas também ficavam sabendo, por meio de alguma forma telepática de comunicação, quando um de seus caçadores havia matado um antílope, evento esse muito especial, e imediatamente começavam a organizar uma festa comemorativa. Antropólogos têm contado muitas histórias de capacidades semelhantes, em partes diferentes do mundo, principalmente relacionadas aos aborígines da Austrália e aos índios americanos. Até mesmo indivíduos pertencentes a sociedades ocidentais já viram fantasmas ou passaram por tipos semelhantes de fenômenos psíquicos – conseqüentemente esses povos nativos, cujos sentidos telepáticos são bem mais desenvolvidos, devem ter passado por muitos desses fenômenos.

Eu mesmo já testemunhei muitas formas de comunicação com pessoas falecidas. Também já tive minhas próprias experiências diretas quando certas informações foram transmitidas, e posteriormente verificadas, embora na época eu não tivesse consciência do que se tratava. Na primeira visita que minha ex-esposa Diane fez a um médium que ela não conhecia e com quem não se comunicara anteriormente, foi-lhe dito que seu tio Jim, falecido pouco tempo atrás, estava presente. Era sua vontade que Diane passasse uma mensagem ao pai, irmão de Jim, dizendo que ele estava bem. A exatidão da descrição, o nome e outros detalhes coincidiam exatamente com o tio que Diane conhecera, e que morrera havia apenas alguns meses. Era impossível que o médium conhecesse essa informação antes da visita de Diane. Foi uma adivinhação extraordinária, ou uma descrição exata do que esse antepassado estava querendo transmitir.

Embora sejamos membros de uma sociedade tecnológica avançada, não podemos desprezar precipitadamente aquilo que a "sabedoria primitiva" pode nos ensinar. Atualmente, os cientistas estão começando a reexaminar o que antes havia sido considerado uma bobagem supersticiosa. A medicina ortodoxa agora tem de competir com uma grande variedade de terapias complementares, como a acupuntura, a homeopatia, a reflexologia, a radiônica, a terapia com cristais e a cura espiritual. Todos esses sistemas estão fora do alcance da compreensão científica tradicional. De acordo com a teoria científica de hoje, elas não funcionam, mas o peso da evidência empírica indica o contrário. O meu argumento é o de que o conhecimento dos povos primitivos com relação ao papel de nossos ancestrais tem algo importante a nos ensinar.

## AJUDA ANCESTRAL NA CURA

Em muitas culturas, os ancestrais eram vistos como uma parte integral do processo de cura. Eles eram invocados quando alguma ajuda específica era necessária e apaziguados quando as influências deles se mostravam pouco benéficas. Um médico moderno, que observasse uma cerimônia de cura dos povos primitivos com a intervenção de ancestrais, poderia ser perdoado por questionar se os resultados benéficos resultavam apenas da sugestão – o efeito placebo. De fato, isso também deve fazer parte do processo, pois todas as nossas crenças nos influenciam de alguma forma. Mas o curandeiro ou o médico-feiticeiro que realizasse a cerimônia afirmaria que o fantasma ou a alma dos espíritos dos ancestrais estava na verdade participando do acontecimento. A energia e a presença deles seriam percebidas de uma maneira muito real, poderosa e dramática.

O escritor e pesquisador Peter Dawkins, que por coincidência é médium, testemunhou uma cerimônia como essa entre os índios xavantes do Mato Grosso, no Brasil. O chefe dessa tribo havia sido prevenido num sonho de que Peter e seus amigos visitariam a vila e que seriam bem-vindos. Quando o grupo de Peter chegou, disseram-lhe que naquela noite seria realizada uma cerimônia especial de cura para uma menina que estava doente havia um mês. O chefe da tribo os informou que a cerimônia duraria a noite toda e que, ao raiar do dia, a criança estaria curada. Uma fogueira foi acesa e os guerreiros formaram um semicírculo, com a menina à sua frente. Então eles começaram a dançar, cantando uma canção especial dirigida a seus ancestrais.

Depois de um curto período de tempo a menina foi levada de volta para uma cabana, e o grupo de Peter tomou o lugar dela no círculo. Ele começou a observar o que estava acontecendo através de sua visão interior mediúnica. O ritmo da dança e a canção criaram uma energia que servia de ponte entre este mundo e o outro. Peter tinha consciência de que, por intermédio de ancestrais, uma ligação interior estava sendo estabelecida para alcançar um nível mais elevado e sutil de energia de cura. Finalmente ele percebeu um "ser de luz" que irradiava uma forte energia de cura, por intermédio dos ancestrais, para aqueles que estavam participando da cerimônia. Pouco antes do amanhecer a criança foi trazida de volta, e dessa vez Peter "teve" a visão do que considerou ser a avó da criança reunindo toda essa energia e dando-a de presente à criança. Depois disso, a menina se levantou, aparentemente livre do mal. Naquele ponto, o curandeiro e o chefe da tribo agradeceram a ajuda que haviam recebido.

Ao refletir sobre essa experiência, Peter questionou a necessidade de todo o ritual e, em particular, da ligação com os ancestrais nessa cerimônia.

– Não seria mais fácil fazer contato direto com o "ser de luz"? – brincou.

Algumas semanas mais tarde, de volta à Inglaterra, ele começou a sofrer de uma doença semelhante à malária. Um amigo médium sugeriu que ele se imaginasse de volta ao Brasil, como a criança da cerimônia. Ele assim o fez, e imediatamente sentiu uma energia de cura envolver o seu corpo, fazendo com que seus sintomas desaparecessem.

Uma reminiscência da pergunta anterior lhe veio à mente:

– Por que os ancestrais eram necessários?

O "ser de luz" apareceu e respondeu dizendo que, embora fosse possível se conectar à fonte de cura sem a ajuda de ancestrais, o ato de invocá-los possibilitaria que eles ajudassem numa experiência que beneficiaria a todos. Naquele momento, Peter percebeu que sua mãe, que morrera havia seis meses, estava de pé ao seu lado. Ela estava exultante com a oportunidade de participar. Coincidentemente, como se soube mais tarde, o chefe dos xavantes "sentira" que Peter e um ou dois de seus amigos estavam doentes, e, por precaução, organizou outra cerimônia de cura para eles. Essas experiências não podem ser ignoradas levianamente.

## CURA GENÉTICA

Na ciência ortodoxa, os poderes ancestrais são constatados somente pela atividade da molécula de DNA e da hereditariedade. Até pouco tempo atrás, havia um consenso de que, uma vez estabelecido o código genético no momento da concepção, este permaneceria imutável durante toda a vida, a não ser que fosse alterado por radiação ou engenharia genética. Não seria possível mudarmos efetivamente aquilo com que a natureza nos presenteou – poderíamos somente fazer o melhor uso possível do que nos havia sido dado. Mas agora essa posição não pode ser defendida com rigor, pois há anomalias que indicam que o código genético pode ser modificado ou que, pelo menos, suas mensagens podem ser alteradas.

Na década de 50, um jovem com um problema grave de pele recebeu o diagnóstico de uma erupção aguda de verrugas. Seu médico, que ouvira falar que o hipnotismo às vezes funcionava nesses casos, encaminhou-o para o dr. Mason, um especialista em hipnose do Queen Victoria Hospital, em East Grinstead. O jovem foi um ótimo objeto de estudo e, por meio do sugestionamento hipnótico, seu estado começou a mudar. Enquanto isso, para se ter certeza de que o diagnóstico original estava correto, uma amostra de pele foi analisada. Os resultados revelaram que o menino não estava sofrendo de verrugas, que são causadas por vírus, mas sim de ictiose ou a chamada pele de peixe, um problema hereditário para o qual não se conhece a cura.

Teoricamente, era impossível conseguir qualquer cura apenas pela sugestão hipnótica; contudo, os resultados estavam ali para todos observarem. O hipnotizador no início imaginava tratar-se de verrugas e, por isso, acreditava firmemente na possibilidade de cura. Durante os quatro anos seguintes, conseguiu-se cerca de 60 a 70% de recuperação definitiva. Isso indica que é possível, em certas circunstâncias, modificar as mensagens provenientes do código genético.

Uma cultura sofisticada que nos tem proporcionado uma ligação entre o papel dos ancestrais e a cura é a dos chineses. Seus muitos sistemas terapêuticos, como o da acupuntura e o shiatsu, nos levam a entender como os padrões ancestrais podem se revelar em nós.

## A MEDICINA CHINESA E OS ANCESTRAIS

Na Medicina Chinesa, acredita-se que todas as doenças sejam causadas por um desequilíbrio entre dois princípios que, além de existirem em nós, são também encontrados nas coisas. Esses princípios são conhecidos como yin e yang e são retratados graficamente por uma linha contínua _____ (yang) e por uma linha interrompida – – (yin). O yang contém tudo que é exterior, forte, ativo, masculino e expansivo. É o pólo positivo de um circuito elétrico. Inversamente, no yin está contido tudo que é receptivo, cauteloso, passivo, feminino e interior. É o pólo negativo do circuito elétrico. Por meio da acupuntura, das ervas, da alimentação ou de alguns outros remédios, o praticante de Medicina Chinesa procura equilibrar essas duas energias dinâmicas no paciente. Acredita-se que os princípios yin/yang sejam expressos por três forças primárias conhecidas como Chi, Shen e Jing.

**Símbolo yin/yang**

Segundo os chineses, a energia Chi é uma das muitas fontes de vitalidade do corpo e é encontrada no meio ambiente. Nós transportamos a energia Chi para dentro de nós por intermédio dos alimentos, do ar que respiramos, dos líquidos e de outras influências ambientais. Shen é a energia de nosso espírito e nos dá poder e sabor à vida. Jing se relaciona à energia sexual, mas também contém o poder armazenado de nossos ancestrais. Para termos uma boa saúde, é preciso que todas essas energias estejam equilibradas, e é tarefa de um médico chinês tradicional observar continuamente essas três fontes. Esse é um conceito muito interessante pois, como foi mencionado anteriormente, ele incorpora a noção de um triângulo de energias – o espírito, o meio ambiente e a genética – que se entrelaçam em todas as facetas de nossa vida. Não podemos nos esquecer de que os métodos de cura dos chineses se iniciaram há aproximadamente quatro mil anos; assim sendo, aparentemente, eles estariam muito mais adiantados do que nós em sua maneira de pensar, pelo menos em alguns aspectos.

Os chineses têm consciência de seus espíritos ancestrais, bem como dos padrões inatos do Jing, e passam muito tempo reverenciando-os e comunicando-se com eles. Esses espíritos são vistos como presenças reais que se ligam à família, agindo como seus guardiões ou pontos de apoio. Como no mundo ocidental, os espíritos perturbados ou fantasmas às vezes causam problemas familiares, e nessas ocasiões é preciso procurar ajuda especial de um médico ou de um xamã.

Assim sendo, na crença tradicional chinesa, os padrões ancestrais têm dois aspectos. Um é a energia ancestral (Jing) que flui num indivíduo, e que poderíamos equiparar de certo modo ao nosso material genético; o outro aspecto é a presença espiritual daquele ancestral e a influência dele sobre a família, bem como sobre o indivíduo. Esse último aspecto é o mais comum em diferentes culturas, e uma grande variedade de crenças tende a reconhecer, a apaziguar ou a invocar determinados ancestrais em busca de ajuda. Essa idéia será examinada mais detalhadamente no Capítulo 2, mas é importante mencionar que algumas culturas consideravam todas as influências ancestrais como forças do destino, geradas por atos específicos dos ancestrais enquanto estavam vivos. Esses padrões eram vistos como um karma de família que fluía de geração a geração. A crença judaica, e conseqüentemente também alguns elementos do cristianismo, encaixam-se nessa categoria.

## LIGAÇÕES ANCESTRAIS NA ÉTICA JUDEU-CRISTÃ

Lemos na Bíblia que "a iniqüidade dos pais será vingada nos filhos até a terceira e quarta geração" (Êxodo 20:5). No Novo Testamento, os discípulos perguntaram a Jesus sobre um homem que havia nascido cego:

– Quem pecou? Ele ou seus pais, para que nascesse cego?

Nesse caso, Jesus foi bastante claro quando afirmou:

– Nem ele nem os pais pecaram, mas é para que nele fossem manifestadas as obras de Deus (João 9:1-3).

Essa declaração é quase sempre mencionada por aqueles que acreditam na reencarnação como evidência de que Cristo e os discípulos aceitavam o conceito de preexistência, bem como a noção de que os erros dos pais podem recair sobre gerações futuras. O argumento nesse caso é o de que os discípulos jamais teriam levantado essa questão se eles mesmos não acreditassem firmemente que a origem da cegueira estivesse nos pecados dos pais, ou em algum pecado (karma) anterior ao nascimento, o que indica implicitamente uma vida passada. Nesse caso em particular, Cristo oferece uma explicação alternativa, sem refutar, contudo, o conceito original.

Numa outra história, o profeta Eliseu amaldiçoa seu servo Gieze por ter pego dinheiro desonestamente de Naaman, curado da lepra por Eliseu, com as seguintes palavras: "Mas a lepra de Naaman se apegará a ti e à tua posteridade para sempre. E Gieze saiu da presença de Eliseu branco como a neve, por causa da lepra" (II Reis 5:27). Essa história corrobora a idéia de que os erros de um ancestral são transmitidos de geração em geração, provocando, nesse episódio, a enfermidade.

Em alguns casos os padrões problemáticos parecem espalhar-se lentamente por muitas gerações. Talvez o exemplo mais convincente seja o da inimizade entre judeus e árabes. Ambos os povos descendem de Abraão. A história bíblica conta que Deus prometeu a Abraão que ele seria o pai de muitas nações e que sua esposa Sara daria à luz um filho. Por ser muito idosa, Sara não acreditou que pudesse conceber e deu a Abraão, como companheira, sua serviçal Agar. Um filho chamado Ismael nasceu de Agar. Quando Ismael tinha treze anos de idade, Deus reafirmou sua promessa a Abraão e, no ano seguinte, Sara deu à luz um filho que se chamou Isaque. Ismael teria então catorze anos – número esse que tem um significado, como veremos mais adiante. Infelizmente, Agar e Sara discutiram, e então Agar foi expulsa e quase morreu com seu filho. Mas ela também era protegida por Deus e sobreviveu. Hoje, os judeus remontam sua descendência a partir de Isaque, enquanto os árabes acreditam que descendam de Ismael. Seria interessante investigar o karma de família que atravessou tantas gerações, mantendo esses dois povos em tal luta.

## TRIBOS, CLÃS E RAÇAS

Nossa aliança com os nossos clãs, tribos ou raças pode ser muito forte, e as energias geralmente impulsionam as pessoas a atos de agressão que, no plano racional, são considerados exagerados. Além da inimizade entre árabes e israelitas que acabamos de mencionar, muitas outras guerras no planeta têm origens tribais: os conflitos na Bósnia, na Irlanda do Norte e em Ruanda têm raízes em diferenças étnicas ou religiosas antigas.

É muito provável que a energia ancestral coletiva seja a força motivadora que impulsiona os povos a agir desse modo. Relações de sangue parecem ser caracterizadas por laços fortes que talvez tenham se originado numa época em que era preciso proteger o grupo contra invasores. Num contexto semelhante, a incidência de abusos contra crianças é maior quando exercido por padrasto ou madrasta, pois acredita-se que forças biológicas fortes despertem sentimentos de proteção com relação a filhos naturais, ligações essas que não existem entre a criança e o padrasto ou a madrasta. Deixar de lado essas lealdades tribais destrutivas pode ser considerado como um dos aspectos da cura ancestral.

## COMO CURAR PADRÕES FAMILIARES

A cura de padrões ancestrais tem três diferentes facetas:

- O papel dos ancestrais em si: o tipo de vida que eles levavam e que influências eles podem estar exercendo do além-túmulo. Se essas influências não forem benéficas, o que pode ser feito para amenizá-las ou eliminá-las.
- O nosso próprio material genético, como está registrado no DNA, e que métodos podem ser adotados para modificar os padrões conflitantes.
- A faceta que o dr. Hiroshi Motoyama chamou de karma familiar, e que pode talvez ser mais bem descrita como uma

forma de ligação familiar sobrenatural. Essas ligações podem precisar ser resolvidas ou cortadas para que o karma seja interrompido.

Os métodos explicados neste livro tratarão de cada uma dessas áreas específicas.

Duas outras idéias podem ser consideradas úteis. A primeira é o modo pelo qual avaliamos nossos espíritos ancestrais. Em vez de simplesmente vê-los como almas desencarnadas, movimentando-se entre o mundo espiritual e o terreno, podemos considerá-los como padrões ou campos de energia que contêm todas as experiências de um ancestral original. Pode ser que não seja o ancestral que esteja nos afetando, mas os padrões de energia que ele deixou para trás. Esse pensamento pode impressionar as pessoas que têm dificuldade em aceitar a idéia de fantasmas de familiares vagando pela casa.

O segundo ponto, e talvez o mais importante, é o de que todos os padrões podem ser alterados. Só porque um acontecimento do passado gerou um determinado padrão, não significa necessariamente que este seja fixo e imutável. Assim como um cientista pode modificar padrões por meio de alterações na estrutura genética, muito pode ser feito no sentido de corrigir padrões ancestrais. Ao eliminar influências que nos são transmitidas por nossos ancestrais, possibilitamos a mudança na nossa forma de agir e no modo como reagimos a situações. Em vez de nos sentirmos desprotegidos frente a essas forças dinâmicas, exercemos uma influência inversa, de tal modo que os padrões negativos sejam corrigidos, os ciclos sejam quebrados e o futuro seja melhor.

## Capítulo 2

# Os Ancestrais nas Religiões e nos Mitos

Para entendermos melhor o papel de nossos ancestrais em nossa vida, é preciso investigar detalhadamente como eles são vistos em outras culturas.

Este capítulo examina algumas das crenças e mitos comuns que envolvem a veneração de ancestrais de um modo ou de outro. O fato de que muitas culturas reconhecem algum tipo de influência ancestral é um fenômeno bastante difundido. A veneração de ancestrais é muito comum entre sociedades simples, mas também é parte integrante do taoísmo, do confucionismo, do xintoísmo e de algumas seitas budistas orientais. Os ancestrais são geralmente de dois tipos: heróis tribais e antepassados de família.

Os espíritos ancestrais tribais incorporam os grandes heróis ou fundadores da tribo. Esses são os seres que protegem todo o clã ou grupo e que são venerados como tais. De certo modo, eles podem ser vistos da mesma forma que o cristianismo venera Cristo ou os budistas veneram Buda. Muitas vezes, são atribuídos poderes mágicos a esses espíritos ancestrais, que podem ser invocados para a cura, proteção ou fertilidade.

Entre os espíritos ancestrais de família, incluem-se pais, tios e tias, avós e bisavós já falecidos que podem ainda ter um interesse na vida de seus parentes. A grande vantagem dos ancestrais sobre os parentes encarnados é que eles têm acesso ao mundo espiritual e a seres espirituais superiores. Nesse sentido, eles podem agir como intermediários valiosos, quando se invoca uma ajuda especial. Eles também podem proteger seus parentes vivos de espíritos maléficos, que entre as pessoas supersticiosas podem representar um perigo.

Do ponto de vista científico, é justo argumentar que esses diferentes sistemas de pensamento podem ter surgido a partir de uma conscientização intuitiva da padronização genética, que de outro modo não poderia ser explicada, exceto por meio de alguma forma de envolvimento do "espírito ancestral". Sem o conhecimento genético, as tendências que as crianças têm de se comportar de modo semelhante a seus ascendentes só poderiam ser explicadas em termos da influência dos ancestrais sobre seus descendentes.

## ANCESTRAIS TRIBAIS

A tribo Cherokee da América do Norte acredita descender de uma raça de seres chamados Nunnehis, que foram descritos como altos, carecas e com a cabeça em forma de cuia. Eles seriam capazes de se mover à vontade através dos elementos naturais. Os Cherokees têm muitas histórias de homens que se enamoram de Nunnehis disfarçadas e depois tentam segui-las, ficando assombrados quando elas desaparecem numa rocha ou num lago. Os Nunnehis fazem o que podem para proteger a tribo de um modo benevolente e, certos lugares, como a casa, são considerados sagrados.

Os Nunnehis parecem ter muitas características semelhantes aos Kachinas do povo Hopi, também da América do Norte. As cerimônias dos Hopis Kachinas incluem algumas danças que estão entre as mais famosas entre os índios americanos. Elas são planejadas em rituais secretos que duram a noite toda, em santuários subterrâneos chamados *kiva*, antes de os Hopis surgirem na madrugada para dançar para os seus deuses. Os Kachinas são venerados como seres estelares, originários de constelações conhecidas como Plêiades. Eles assumiram diversas formas disfarçadas que são retratadas nas bonecas Kachinas. Nas suas crenças e mitos, os Hopis afirmam que são guiados pelos Kachinas em todos os aspectos da vida. Acredita-se que atualmente os Kachinas habitem os picos de San Francisco, no Arizona, e muitas cerimônias são realizadas anualmente para invocar a ajuda deles.

Os habitantes das ilhas Gilbert, no oceano Pacífico, diferenciam dois tipos de seres que os favorecem. São eles os deuses (*anti)* e os ancestrais divinos (*anti-ma aomata*). As pessoas vivas (*aomata*) devem praticar rituais para ambos os grupos, mas mostram-se mais ansiosas para agradar os ancestrais divinos. Um dos ancestrais originais especialmente invocado era Taburimai, o primeiro filho humano dos deuses-peixes. Ele navegou pelas ilhas, conseguiu uma esposa e levou a civilização aos povos. Seu filho, Te-ariki-n-tarawa, subiu na árvore sagrada do paraíso e se casou com três deusas. Eles afirmavam que toda a humanidade descenderia desses dois ancestrais.

## O ancestral divino como rei

Em alguns casos, o rei incorpora um aspecto do ancestral divino. No Egito Antigo, o faraó era visto como a encarnação do deus com cabeça de falcão, Hórus, filho de Ísis e de Osíris, que lutou com o deus do mal, Set, pelo trono de seu pai. Do mesmo modo, no Peru, o rei dos incas foi visto como a encarnação do deus-sol Inti, uma entidade suprema. Os reis Shang, que fundaram o Estado da China por volta de 1650 a.C., eram considerados filhos celestiais, que regiam em nome de Shang Di, o deus celestial supremo. Só eles tinham autoridade para pedir a bênção dos espíritos ancestrais. O conceito de divindade dos reis tem ressonância na noção do “direito divino”, na qual certos monarcas britânicos acreditavam e que lhes conferia a capacidade de curar a doença chamada escrófula, também conhecida como o Mal do Rei.

## Ancestrais destrutivos

Nem todos os ancestrais tribais trouxeram benefícios ao mundo. A tribo Ngombe da África acreditava que Akongo, o deus supremo do céu, colocou a deusa Mbokomo numa cesta e a desceu até a terra com seu filho e sua filha. A família plantou um jardim, o qual floresceu. A mãe então persuadiu o filho a dormir com a filha para que procriassem, o que foi feito. Mas a filha também dormiu com uma criatura chamada Ebonga, que praticava magia e bruxaria, e foi a criança nascida dessa união que trouxe o mal para o mundo. Esse mito tem ressonância na história bíblica de Adão e Eva e indica que em algum lugar na psique humana está a idéia de que o mal se originou de algum erro cometido no passado, embora culturas diferentes contem histórias divergentes.

De acordo com um mito havaiano, a ancestral divina desse povo era chamada Papa, o que significa superfície plana. Ela estava associada à base das ilhas havaianas, sob a água, e foi a deusa suprema da terra. Papa se casou com Wakea, líder da tribo, e deu-lhe muitos filhos, a quem ela cumulou de bênçãos. Wakea, lamentavelmente, envolveu-se num relacionamento incestuoso com uma de suas filhas; por causa disso, Papa abandonou a terra com raiva e amaldiçoou a humanidade com a morte.

## As danças dos fantasmas

Em tempos de crises, as pessoas costumavam chamar seus ancestrais tribais para protegê-los. O poder dessa crença foi demonstrado nas famosas cerimônias da dança do "fantasma", dos índios americanos, em resposta ao massacre impiedoso dos brancos. O culto começou em 1888, quando um índio da tribo Paviotso, chamado Wovoka, teve visões que deram origem a uma doutrina mesclada com princípios cristãos, acrescida de forte crença no desaparecimento do homem branco, na volta do búfalo que o homem branco havia praticamente exterminado e na ressurreição de membros da tribo que haviam morrido. Wovoka pregava principalmente a não-violência. As notícias dessas visões chegaram até as tribos Plains, muitas das quais estavam, nessa época, quase morrendo de fome. Essas tribos adotaram parte da mensagem de Wovoka, mas viram que a única solução para o povo indígena seria declarar guerra contra os brancos. Eles acreditavam que, ao dançar em círculo e invocar os ancestrais, eles se tornavam imortais; que o poder do ritual em si era suficiente para os proteger das balas e trazer os búfalos de volta. Alguns dos índios Sioux, os Arapahos, os Cheyennes e os Kiowas adotaram a doutrina completamente. Era uma situação que não podia durar e que terminou com a derrota final dos índios Plains, na infame Batalha de Wounded Knee.

## Heróis, santos e deuses de segunda grandeza

Na mitologia egípcia, grega e romana, os heróis às vezes eram elevados à posição de deuses menos importantes. No Egito, só dois indivíduos receberam essa honra: Imhotep, responsável pela construção da pirâmide do rei Zoser, e o sábio e filósofo Amenhat, da XIV dinastia. Algumas autoridades no assunto afirmam que foi Amenhat quem inspirou as reformas religiosas e artísticas do faraó Akhenaten. Heróis gregos como Órion, Perseu e Hércules colocaram suas efígies nas estrelas para que todos as vissem e venerassem.

À medida que o tempo passou, grandes ancestrais foram reconhecidos como parte da humanidade e não ficaram mais limitados a uma determinada tribo local. Alguns desses ancestrais viveram de tal modo ou manifestaram algum talento que têm servido de inspiração a centenas de pessoas em muitas culturas. Muitos grupos religiosos, incluindo budistas, cristãos e muçulmanos, têm os seus "santos", que são chamados para intervir em favor do suplicante. Suas casas ou os locais em que as pessoas tiveram visões desses santos, como Lourdes, tornaram-se centros de veneração e de cura.

## ANCESTRAIS FAMILIARES

Esses ancestrais são geralmente considerados como parentes que morreram há relativamente pouco tempo. Em muitas culturas, os ancestrais familiares eram os mais importantes, exigindo-se total reconhecimento e um culto propiciatório correto. Eram eles que podiam trazer os maiores benefícios ou prejuízos para a família.

Embora fossem considerados habitantes do reino espiritual, eles agiam de modo muito semelhante àquele de quando estavam vivos: o ancestral ardiloso não se torna subitamente confiável só por ter morrido. Conseqüentemente era importante saber as qualidades que os ancestrais tinham quando vivos, pois isso determinava a maneira como as pessoas deveriam se dirigir a eles em suas preces.

Os habitantes das ilhas de Trobriand, na Nova Guiné, acreditam que todos nós temos dois espíritos. Um dissipa-se logo depois da morte, enquanto o outro, chamado Balonna, é eterno e existe num outro mundo. A comunicação com esse espírito ocorre por meio de sonhos e de estados de transe. Os sonhos com os ancestrais são vistos por muitas pessoas como um meio de manter contato com os que partiram. Os sonhos proporcionam acesso às camadas mais profundas de ser, e as pessoas ainda hoje recebem informações úteis de seus ancestrais durante o sono. Por exemplo, uma moça que participou de um de meus cursos contou que a avó havia aparecido para ela num sonho e lhe havia dito para entrar em contato com uma pessoa conhecida, que lhe informaria sobre uma nova oportunidade de trabalho. Na época, essa moça estava presa a um emprego de secretária, em que era sobrecarregada de trabalho e do qual queria desesperadamente se livrar. Ela reuniu toda a sua coragem e telefonou para a pessoa mencionada, explicando muito cautelosamente sua situação, bem como os motivos para estar lhe telefonando. Essa pessoa estava para anunciar uma nova vaga em sua empresa, para um cargo que se adequava perfeitamente a ela. Não é preciso dizer que ela se candidatou ao emprego e foi bem-sucedida. Isso rendeu-lhe posteriormente uma promoção e uma mudança gratificante em sua carreira.

## Espíritos ancestrais de animais

Acredita-se, em algumas culturas, que os ancestrais familiares tomam a forma de animais. A tribo Kwakiutl, da costa noroeste da América do Norte, acredita que as baleias orcas são espíritos de pessoas que morreram afogadas e que passavam a proteger a tribo. Alice Proutt, uma anciã dos Miwoks, advertia suas netas, dizendo o seguinte: "O urso é como uma pessoa. Você não deve querer comê-lo, pois pode estar comendo seu próprio avô." De modo semelhante, os Zulus, da África, evitam matar certos tipos de cobra, pois acreditam que sejam a alma de seus antepassados.

Uaica, o grande pajé dos índios Jurunas, do Brasil, foi guiado pelo ancestral jaguar, chamado Siná, que muitas vezes o ajudou por intermédio de sonhos. Isso facilitou a Uaica a tarefa de celebrar grandes cerimônias de magia, a efetuar várias formas de curas miraculosas com o toque das mãos e a fazer muitas coisas para melhorar a sorte de seu povo. Isso durou até os Jurunas persuadirem Uaica a se casar com uma das nativas solteiras, embora muito contra a sua vontade. A esposa traiu Uaica com um amante que, invejoso dos poderes do marido dela, tentou matá-lo. Uaica escapou e desapareceu para sempre num buraco no chão.

Os mitos aborígines australianos são interessantes pelo fato de nunca fazerem nenhuma referência a ancestrais ou a heróis tribais que tenham cruzado os mares para chegar à Austrália. Eles sempre viveram nas terras de suas tribos, consideradas sagradas principalmente devido aos seus ancestrais. Acredita-se que esses ancestrais se manifestam por meio de diferentes espécies animais; contudo, mais importante são os espíritos que criaram a terra durante Alchera (tempo do sonho). Foram eles que viajaram, modelando as paisagens e mostrando às pessoas como sobreviver. Ao completar sua tarefa, eles foram desaparecendo aos poucos de volta à terra. Diferentes animais tomaram as formas dos espíritos ancestrais tribais. Um dos mais populares desses ancestrais animais foi a lagartixa, possivelmente porque suas "patas" são parecidas com mãos humanas. Muitas cerimônias aborígines encenam histórias ancestrais.

## CRENÇAS RELIGIOSAS

### Taoísmo

A reverência aos ancestrais é um dos dogmas centrais do taoísmo, uma das principais religiões da China. Foi fundada pelo legendário Lao Tzu, que nasceu por volta de 604 a.C. e inspirou os famosos escritos conhecidos como *Tao Te Ching*. O taoísta devoto oferece orações aos seus ancestrais todos os dias, pedindo ajuda e proteção diante de um pequeno altar, que é parte importante de cada casa; os túmulos são conservados com regularidade. Os dias do nascimento e da morte são particularmente importantes, e nessas ocasiões são oferecidas orações especiais. Tanto os homens quanto as mulheres participam dos rituais familiares, durante os quais incenso e velas são acesos e pede-se aos ancestrais por saúde, prosperidade e cura em época de doenças.

Em abril as famílias celebram um festival, ocasião essa em que os túmulos dos ancestrais são polidos. Trata-se de uma época para lamentar as mortes daqueles que faleceram há pouco tempo e para celebrar a união da família. Nessas ocasiões, os ancestrais que tiveram certa importância durante a vida são especialmente venerados e evoca-se a ajuda deles para o benefício da família.

Os sacerdotes taoístas também realizam cerimônias especiais e acalmam as "almas perdidas" – aquelas que morreram sem ter recebido um enterro adequado. Por volta do dia 15 de agosto, realiza-se uma cerimônia conhecida como Festival das Lanternas Flutuantes, para ajudar as almas daqueles que morreram afogados. Um membro de cada família taoísta carrega uma vela acesa e a coloca numa lanterna ou num barco de papel, que então flutua correnteza abaixo para guiar as almas nas suas jornadas para o alto. Essas cerimônias são especialmente importantes para as pessoas que moram perto de grandes rios, como o Yangtze, onde centenas de pessoas morrem afogadas por ocasião de grandes enchentes.

O calendário taoísta é dividido em três partes, começando com o Ano Novo Chinês, em fevereiro. Os primeiros seis meses são chamados Reino dos Espíritos Celestiais. Esse período é seguido do Reino do Perdão dos Pecadores, que dura três meses e começa com o Festival das Lanternas Flutuantes. Os últimos três meses do ano coincidem com o Reino dos Espíritos da Água. Ao final do Reino dos Espíritos do Paraíso, acredita-se que os portões do inferno se abram, oferecendo às almas penadas e às pessoas injustas uma segunda chance de redenção. Os vivos podem ajudar essas almas praticando atos especiais de piedade ou boas ações, tais como doações aos pobres. Desse modo, a família pode ajudar qualquer parente falecido que tenha vivido uma vida de pecado na Terra.

Os taoístas acreditam que, por ocasião da morte, o *shen*, ou espírito, permanece junto ao corpo até o momento do enterro. A parte do *shen* que governa as emoções fortes, como raiva, tristeza e alegria, é enterrada juntamente com o corpo. A parte imortal continua uma existência bem-aventurada ou enfrenta o castigo dos deuses por qualquer pecado cometido na Terra.

## Os ancestrais e o I Ching

O *I Ching* ou "Oráculo da Mudança" tem suas origens na Antiguidade chinesa. Não se sabe ao certo a data do primeiro oráculo, mas acredita-se que seja de pelo menos quatro mil anos atrás. A influência do *I Ching* sobre a crença e a cultura chinesas foi tão grande quanto a Bíblia o foi para as sociedades judeu-cristãs, embora ele expressasse conceitos muito diferentes. O *I Ching* baseia-se no entrelaçamento de duas forças dinâmicas que fluem em todos os aspectos da criação. Como já foi mencionado anteriormente, essas forças são conhecidas como yang, que representa uma força masculina que flui externamente, e yin, a energia feminina, receptiva, que flui internamente. Essas duas energias são mais conhecidas pelo símbolo Tao, mas também são expressas pelas fases de desenvolvimento do *I Ching*. Nesse caso, a energia yang é representada por uma linha contínua (____) e a yin por uma linha interrompida ( _ _ ). De acordo com a crença chinesa, essas forças dinâmicas combinam-se, formando quatro outros padrões que podem ser expressos do seguinte modo:

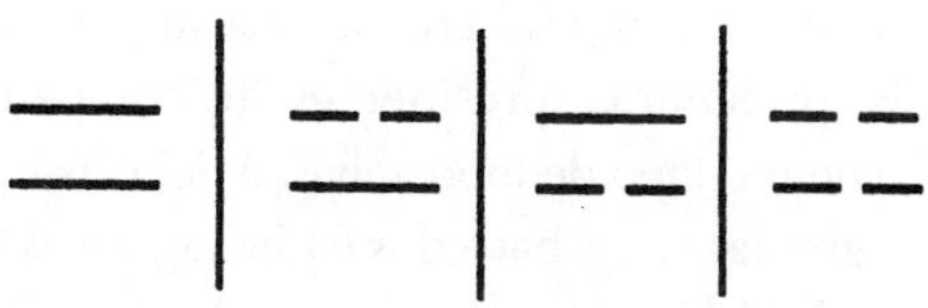

Um outro estágio foi desenvolvido, no qual linhas adicionais de 'yin' e de 'yang' são acrescentadas às quatro anteriores, formando oito combinações possíveis, retratadas do seguinte modo:

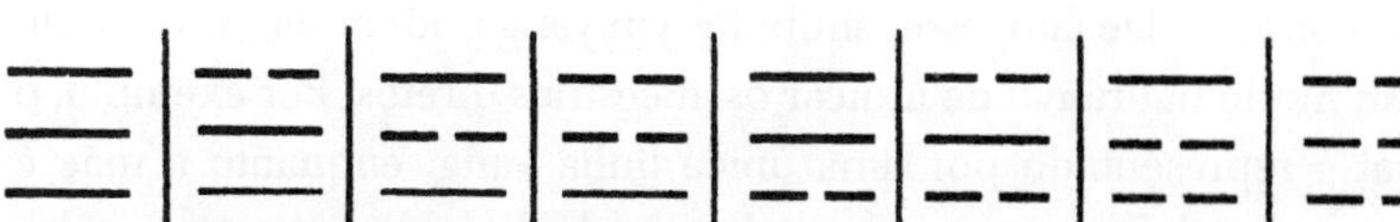

pai | filha mais nova | filha do meio | filho mais velho | filha mais velha | filho do meio | filho mais novo | mãe

Esses oito símbolos, chamados trigramas, são considerados representantes dos oito princípios prototípicos mais importantes. Simbolicamente, são considerados como representantes de uma família que consiste da mãe, do pai e de seis filhos (filho mais velho, filho do meio e filho mais jovem e filha mais velha, filha do meio e filha mais nova), em que a posição e o tipo das linhas yang ou yin são fatores determinantes. Por exemplo, o trigrama com as três linhas yang representa o pai, enquanto aquele com as três linhas yin representa a mãe. Cada membro da família representa um arquétipo distinto com suas qualidades e associações específicas.

Assim como a classificação universal original divide as energias em yin ou yang, os chineses também dividem as facetas da vida em oito categorias arquetípicas. Isso talvez seja mais conhecido hoje em dia por meio do Feng Shui, que estuda a localização e disposição de prédios e de seus cômodos e mobiliário, de acordo com as relações harmoniosas desses oito princípios. Por exemplo, o arquétipo "Pai", chamado Chien, representa a cabeça de todas as coisas e expressa-se na atividade humana como soberanos, reis, imperadores, prédios governamentais, prefeituras, presidentes de companhias ou, no mundo natural, como o topo de montanhas, o Sol e assim por diante.

Esses oito trigramas são a base dos 64 hexagramas que formam o famoso "oráculo" *I Ching*. Os hexagramas são formados pela combinação de dois trigramas ou princípios arquetípicos quaisquer.

O que é tão fascinante a respeito desse padrão de desenvolvimento é que ele espelha exatamente a árvore genealógica na sua progressão de trás para a frente, ao longo do tempo, até a geração dos bisavós. De fato, esses símbolos yin/yang podem ser vistos como um modo figurativo de indicar os ancestrais diretos. Por exemplo, o pai é representado por uma única linha yang, enquanto a mãe é representada por uma única linha yin. Voltando até a geração dos avós (duas linhas), o pai do pai pode ser representado por duas linhas yang, enquanto a mãe do pai por uma linha yin (feminina) sobre uma linha yang (do lado paterno da árvore genealógica). No outro lado da árvore genealógica, a mãe da mãe pode ser representada por duas linhas yin. Voltando uma geração atrás (três linhas), seu bisavô por parte do pai pode ser representado por três linhas yang, e assim por diante. O quadro na página 92, no Capítulo 5, mostra a posição desses símbolos no lugar que lhes cabe na árvore genealógica.

Todos nós temos dois pais, quatro avós e oito bisavós, formando catorze ancestrais até a terceira geração anterior. O número catorze, como poderá ser visto, aparece em outros contextos também.

Era o *I Ching* que os primeiros imperadores consultavam quando deliberavam com os espíritos ancestrais. Esse oráculo e os comentários feitos por Lao Tzu e pelo imperador Wen tornaram-se algumas das pedras fundamentais mais importantes do pensamento filosófico chinês e duraram quase três mil anos. O Hexagrama 37, A Família, afirma:

> O lugar certo da mulher é no interior; o lugar certo do homem é no exterior. O maior conceito da natureza é que o homem e a mulher têm os seus devidos lugares. Entre os membros da família há educadores rígidos que são os pais. Quando o pai é na verdade um pai e o filho, um filho, quando o irmão mais velho faz o papel de irmão mais velho e o irmão mais novo, o de irmão mais novo, quando o marido é de fato um marido e a esposa, uma esposa, então a casa está em ordem. Quando a casa está organizada, o mundo estabelece seu curso, sem o risco de se desviar.

A idéia da importância da família para a ordem social era central no pensamento chinês. Enquanto atualmente podemos questionar, com razão, a rigidez das idéias do Hexagrama 37, em essência ele fala da necessidade de se encontrar a ordem interior a fim de estabelecer a harmonia exterior.

Um outro modo de se ver esse hexagrama e sua referência à família seria considerá-lo um reflexo da "família" dos trigramas *I Ching* e seu desenvolvimento a partir do simbolismo das energias yin/yang. Nesse contexto, uma parte integrante da crença chinesa era o reconhecimento da necessidade de se criar um relacionamento harmonioso com os ancestrais de uma pessoa.

Mais adiante, será examinado como o *I Ching* pode ser usado para se conhecer os padrões familiares. Certamente não é coincidência o fato de uma cultura que dá tanta importância aos ancestrais tenha um sistema como o *I Ching*, que espelha tão bem os padrões ancestrais.

## Xintoísmo

No xintoísmo, uma das principais religiões do Japão, encontram-se muitos elementos semelhantes à crença taoísta. Santuários são erguidos para os ancestrais que em vida alcançaram um grau elevado de conscientização espiritual ou que demonstraram grande heroísmo. Esses lugares são visitados regularmente pelos descendentes, que procuram ajuda para ser felizes e prósperos. Em épocas de necessidades específicas, um sacerdote-feiticeiro entrava em contato com os ancestrais para que eles o aconselhassem.

A seita Tamamitsu do xintoísmo, à qual o dr. Hiroshi Motoyama pertence (ver p. 8), tem dez preceitos, como vêm expressos na escritura *Tama no Hikari*.

1. Deus é o soberano dos espíritos miríades.
2. Quando não há um Eu, a voz do Divino pode ser ouvida.
3. A nossa vida e a nossa personalidade são as dádivas de nossos nobres ancestrais.
4. Purifique-se de suas antigas transgressões que serão transmitidas para toda a família.
5. Não se deixe consumir pela dor ou pela preocupação.
6. Nada é perfeito no mundo humano.
7. Quando existe harmonia conjugal, consegue-se ter sucesso em todas as outras coisas.
8. Dedique-se a suas tarefas, sem esperar recompensa.

9. A posição que você ocupa é determinada por suas ações.
10. O ócio resume em si todos os demônios e maus espíritos.

Dentre esses preceitos, os de números 3, 4 e 7 revelam diretamente a importância dos ancestrais e da família.

## A crença celta

Idéias semelhantes às do Festival das Lanternas Flutuantes chinês, que precede a abertura das portas do inferno, são encontradas no Dia de Todos os Santos cristão, que é uma adaptação do festival celta Samhain. A justaposição do cristianismo com o paganismo deu origem à celebração do Dia das Bruxas e à crença de que os espíritos dos mortos se levantam para vagar pelo mundo no dia 31 de outubro. No festival celta, a ajuda dos ancestrais era invocada para que oferecessem proteção e mesa farta para o clã durante o ano. Como existem poucos registros das crenças celtas, é difícil calcular a importância que esse povo dava aos ancestrais, mas no livro *Celtic Gods and Celtic Goddesses*, Bob Stuart escreve: "A base fundamental da religião celta é o conceito da linhagem ancestral, ou veneração ancestral. Essa prática não pode ser considerada bárbara ou selvagem, pois ela revela uma psicologia e uma metafísica muito sofisticadas, que passava por todas as lendas, mitos e manifestações dos deuses e deusas, e estava profundamente enraizada na sociedade celta." A pessoa falecida encontrava um paraíso em locais especiais, como Glastonbury Tor em Somerset, que depois passou a ser considerado um lugar sagrado. Era nesses lugares que eles eram invocados para ajudar as pessoas e conferir o dom da segunda visão.

## As tradições cristãs

Como já foi mencionado, os padrões ancestrais da cristandade eram vistos de acordo com o significado bíblico dos pecados dos pais. Na Igreja católica e em outras seitas cristãs, acredita-se que a alma dos que partem segue para o paraíso se ela teve uma vida particularmente virtuosa; para o purgatório, se teve uma vida normal; ou para o inferno, se cometeu muitos pecados. Só em certas circunstâncias, quando o espírito, ou a alma, morre tragicamente ou está muito perturbado, ele pode continuar vagando pelo mundo, assombrando um lugar ou uma pessoa. É interessante notar que, em meu trabalho de harmonização da energia dos ambientes, muitas vezes tive de libertar almas que estavam amedrontadas demais para mover-se – elas acreditavam firmemente que se fizessem isso acabariam indo para o inferno.

Os cristãos quando morrem são encaminhados aos lugares que lhes foram designados e, embora na prática uma pessoa possa sentir ou perceber a presença de certos ancestrais, eles não costumam ter nenhum papel especial na vida religiosa do indivíduo, a não ser que em vida tenham sido especialmente virtuosos. Entretanto, uma pesquisa publicada no *American Journal of Psychiatry* indicou que 66% das pessoas entrevistadas, desoladas pela morte de pessoas próximas, haviam sentido ou percebido a presença do parente morto, ou tinham algum tipo de evidência paupável de que ele voltara para consolá-las. Essa é uma porcentagem surpreendentemente grande.

## As histórias de família e os mórmons

A Igreja dos Santos dos Últimos Dias tem um ponto de vista pouco comum a respeito da importância dos ancestrais, e por isso merece atenção especial. Os mórmons possuem a maior biblioteca de histórias de família do mundo, registrada em microfilmes e visitada regularmente por especialistas em árvores genealógicas. A família é vista como sendo ao mesmo tempo "(...) eterna e sagrada por natureza (...) Jesus Cristo vive e é o Salvador da humanidade". Os ancestrais são vistos como parte da padronização da família e, conseqüentemente, têm especial importância para a continuidade da existência.

Para conseguir a vida eterna é preciso que os ancestrais sejam batizados na Igreja, o que pode ser feito por procuração, por um parente vivo. Joseph Smith, o fundador dos mórmons, afirmou: "A maior responsabilidade do mundo que Deus nos deu é cuidar dos nossos mortos. Essa doutrina [a da salvação dos mortos] foi o tema principal das escrituras. Aqueles Santos que negligenciam a parte em favor dos parentes mortos, põem em risco sua própria salvação." No seu livreto intitulado *Why Family History*? a Igreja prega: "O único objetivo deste trabalho é o de perpetuar a vida em família por toda a eternidade e de reunir os membros da mesma família na presença de nosso Santo Pai, que amamos, respeitamos e reverenciamos." Essa prática incorpora a crença de que os parentes vivos têm principalmente o poder de ajudar os seus ancestrais.

## MITOS ANCESTRAIS

### Egito: Ísis e Osíris

Um mito que pode nos ajudar a entender o significado dos catorze ancestrais principais origina-se no Egito Antigo. É uma das histórias mais famosas de toda a criação egípcia e, como o *I Ching*, teve um papel importante nos sistemas de crença dos egípcios antigos. Trata-se de um grupo de deuses e deusas, filhos do deus-sol Rá, que vieram à Terra para trazer os benefícios da civilização, da agricultura e do artesanato para a humanidade. Eles eram governados por Osíris, um rei filósofo e sábio cuja esposa era chamada Ísis. Depois de tornar civilizados os egípcios antigos, ele decidiu levar seu conhecimento para o resto da humanidade.

Enquanto ele estava afastado, seu perverso irmão Set planejou tomar posse do Egito, tentando enganar Osíris e matá-lo quando retornasse. Seu plano diabólico começou ao mandar fazer um sarcófago em que seu irmão caberia perfeitamente.

Quando Osíris voltou, Set ofereceu um magnífico banquete em sua homenagem e depois prometeu dar o sarcófago para quem coubesse nele. Finalmente, quando Osíris deitou-se no ataúde, Set selou a tampa e jogou o sarcófago no Nilo, apossando-se então do reino do irmão. Ísis, inconformada, saiu à procura do marido, finalmente encontrando seu corpo. Entretanto, antes que conseguisse trazê-lo de novo à vida, Set encontrou o casal e dessa vez cortou o corpo de Osíris em catorze pedaços e os espalhou por todo o Egito.

Mais uma vez Ísis saiu à procura do marido e recolheu todos os seus pedaços, com exceção de seu pênis que havia sido comido por um caranguejo no Nilo. Ela devolveu a vida a Osíris, mas ele decidiu que a partir daquele momento governaria somente do mundo espiritual. Ao filho de Osíris, o deus com cabeça de falcão, Hórus, coube a tarefa de combater Set em nome de seu pai.

O mito pode ser interpretado em vários níveis. Ele fala da divisão entre o lado materialista de nossa natureza (Set) e a parte espiritual (Osíris). É Ísis (amor) quem nos liga ao aspecto interior espiritual. Entretanto, o número de partes de Osíris quando é cortado em pedaços (catorze) e a destruição de seu órgão sexual indicam uma ligação com padrões ancestrais. Além do mais, quando Osíris é ressuscitado, é da terra dos exilados que ele domina; as almas dos mortos lhes são trazidas para serem julgadas pela honradez de suas vidas, durante a cerimônia do "peso do coração", quando o coração simbólico do falecido é pesado, tendo a pena da Verdade no outro prato da balança. As almas julgadas verdadeiras eram bem-vindas aos salões de Osíris, o equivalente ao Paraíso, enquanto as que não passavam no teste eram devoradas pelo monstro crocodilo. Essa crença foi uma doutrina dominante no Egito Antigo e, com o passar do tempo, desenvolveu-se até chegar aos elaborados ritos de mumificação que tentavam assegurar um final feliz para a última jornada da alma.

Segundo uma interpretação do mito de Osíris, para que sejamos completos, precisamos, por intermédio do amor (Ísis), reintegrar nossos catorze ancestrais, de um modo equilibrado dentro de nossa psique. Esses padrões, quando unidos e curados, facilitarão um novo sentido do eu (Hórus), que consegue induzir o apoio do reino espiritual (Osíris) a nos ajudar, inspirar e guiar.

### As gerações de Jesus

O número catorze surge em vários trechos da Bíblia, mais notadamente em Mateus 1:17, que relata, na versão do rei James: "Assim, foram catorze as gerações desde Abraão até Davi, e de Davi até a destruição da Babilônia foram catorze gerações; e da destruição da Babilônia até Cristo foram catorze gerações." É interessante notar a repetição do número catorze e a ênfase dada a ele. Sabe-se que o número sete era sagrado para o povo judeu, como fica evidente pelo número de dias da criação de Deus; mas por que catorze? Talvez seja um código de referência para as três gerações de ancestrais diretos.

## ATÉ QUE PONTO ESSES MITOS E CRENÇAS SÃO REAIS?

Os mitos são naturalmente passíveis de muitas formas de interpretação; eles nos falam por meio de uma linguagem simbólica e não devem necessariamente ser considerados de forma literal. Não é possível determinar se os egípcios antigos acreditavam no mito de Ísis e de Osíris do mesmo modo factual que os cristãos acreditam na ressurreição de Cristo. O que não pode ser questionado é o fato de que ambos os grupos reconheciam seus respectivos "filhos de Deus" como sendo forças poderosas que podiam ser invocadas para ajudá-los nos problemas cotidianos. A invocação da ajuda de forças que estão além do mundo físico encontra-se no âmago de todas as crenças religiosas, e nesse aspecto todas as religiões são intrinsecamente a mesma coisa. A única diferença está na interpretação que se faz de quem ou do que está sendo invocado para a ajuda. É possível que nossos ancestrais tenham um papel importante nesse processo.

*Capítulo 3*

# Padrões Familiares

A maioria das famílias tem histórias de antepassados que são transmitidas de geração em geração. Essa é uma herança rica que molda as crenças e a vivência das crianças, proporcionando uma continuidade de experiências que é incorporada à estrutura familiar. Este capítulo examina o papel das crenças e das tradições familiares ao dar forma a nossos padrões ancestrais.

## MITOS FAMILIARES

Muitas pessoas têm consciência da existência de padrões específicos relativos a funções, estruturas ou relacionamentos, que são transmitidos para toda a família. Às vezes, esses padrões incorporam-se aos mitos familiares e são transmitidos em relatos sobre as gerações anteriores. O modo pelo qual a avó lidava com uma certa situação pode ser considerado como um modelo para ser seguido pelos membros da família.

Tabus ou "coisas sobre as quais não se deve falar" criam distorções que são facilmente apreendidos pelas crianças pequenas.

Algumas crescem sabedoras da existência de um segredo obscuro ligado à família. Essas questões freqüentemente giram em torno de sexo, que até recentemente era abordado com hipocrisia e padrões duvidosos. Atitudes sociais com relação a filhos ilegítimos têm infligido sofrimentos terríveis a certos indivíduos. Na Inglaterra no início do século XX, por exemplo, dar à luz uma criança fora do casamento era considerado como um sintoma de instabilidade mental, e jovens mães solteiras eram muitas vezes encarceradas em instituições para doentes mentais. Entretanto, na realidade, a maioria das famílias já passou por algum caso dessa natureza. Felizmente, hoje em dia essas atitudes estão mudando rapidamente, e para as gerações mais recentes as histórias de família têm sido substituídas pela televisão, que apresentam padrões humanos mais coletivos.

## FAMÍLIAS ADOTIVAS

Certos padrões de comportamento são repetidos até mesmo por crianças adotadas. No seu livro *Ruth Ellis, My Mother,* Georgie Ellis fez alguns paralelos entre sua própria vida e a de sua mãe, que ficou famosa por ter sido a última mulher a ser enforcada na Grã-Bretanha por ter assassinado o amante, David Blakely.

Embora tenha crescido numa família adotiva, em que recebeu todos os cuidados que jamais tivera de sua mãe, Georgie manifestou muitas semelhanças de comportamento com ela. Seus pais adotivos queriam que ela se tornasse médica; em vez disso ela insistiu numa carreira de modelo, como a da mãe. Casou-se três vezes e teve inúmeros casos – um dos quais poderia ter tido facilmente o desfecho que Ruth dera ao dela, e foi com um homem cujas iniciais coincidentemente eram D. B. No entanto, no caso de Georgie, embora ela sentisse que, caso tivesse um revólver naquele instante, teria puxado o gatilho para matar o amante, ela decidiu-se por terminar o relacionamento.

Ela afirma que seu livro é uma tentativa de explicar as ações da mãe. Georgie acredita que o espírito de Ruth ainda esteja se comunicando com ela, "do outro lado", pedindo que corrija seus erros.

## INFLUÊNCIAS INCONSCIENTES

Costumamos seguir padrões ancestrais não-resolvidos em nossa vida. A poetisa April Ryedale, depois de conhecer o conceito de cura ancestral, escreveu:

> Estou começando a ver quanto tenho vivido a vida de meu pai em vez da minha, no que diz respeito à definição de meus próprios objetivos e do sentimento de desamparo que tenho por não atingi-los. Só mais recentemente comecei a tentar assumir minha sombra, mergulhando na depressão sempre escondida atrás de uma fachada alegre. Fui educada para entender que a superproteção que meus irmãos e eu havíamos recebido quando crianças se devia ao acidente terrível que meu pai sofreu quando tinha quatro anos de idade, em 1878. Nessa ocasião, a carruagem da família, conduzida pelo pai dele, tombou e o cavalo, assustando-se, disparou, jogando todos os ocupantes para fora do veículo, matando sua mãe e deixando-o com uma lesão incurável. Embora na época essa lesão não fosse perceptível, mais tarde ela o impediu de seguir a carreira militar com que tanto sonhara.
>
> Uma outra pesquisa revelou que meu avô também havia sonhado em seguir carreira militar, mas não pudera se afastar dos negócios de seu pai, relacionados à produção de lã, até atingir trinta anos, e depois tornou-se advogado, em vez de fazer o que de fato queria. À austeridade reprimida em não imitar os namoricos irresponsáveis do pai (o que fez com que sua mulher, minha bisavó, o abandonasse e emigrasse para a América), somou-se a angústia de meu avô por ter causado uma tragédia à família, tragédia essa que poderia ter sido evitada se não estivesse usando (apesar dos conselhos contrários) um cavalo que não fora ainda adequadamente domado. Agora entendo isso tudo como sendo a sua metáfora inconsciente para o que pode ser resumido com a expressão "deixar as marcas para trás".

A compulsão de meu pai – tanto para viver de modo responsável, como para reviver a natureza de seu avô (a sombra de seu pai) – fez com que meu irmão e eu nos tornássemos os filhos ilegítimos de uma segunda ligação de meu pai, quando sua mulher não quis mais ter filhos.

Minhas tentativas para resolver minha própria vida, aos 72 anos de idade, apesar desse programa compulsivo e inacabado, ficaram mais claras quando, recentemente, li uma carta de meu pai dirigida a Joseph Conrad, a quem ele conhecia e admirava. Nessa carta ele fala sobre sua crença de que uma grande arte surge quando ela corresponde a uma visão que o público está pronto para receber. Essa é exatamente a minha opinião como poetisa esotérica.

Na minha autocura, pude perceber que não podemos (como eu havia procurado fazer até então) idolatrar uma visão do futuro se nos desligarmos de nossas raízes passadas e de nossa herança cultural. Portanto, vejo minha tarefa como uma tentativa de ficar suficientemente enraizada na minha aceitação da ligação ancestral, sem contudo deixar-me afundar nela a ponto de não conseguir enxergar e galgar o degrau seguinte. Criatividade é, sem dúvida, o fio da navalha onde se encontra o equilíbrio entre o velho e o novo.

## OS MEDOS

O medo de situações específicas – da água, ou de pegar certas doenças, por exemplo – muitas vezes pode ser transmitido de geração a geração. Uma de minhas clientes tem tanto medo de ter câncer que chega a ficar paralisada de terror. Ela tem certeza de que esse medo lhe foi passado pelos avós, que freqüentemente expressavam seu próprio receio de ter essa doença. Os medos dos pais são rapidamente apreendidos pelos filhos e ficam incorporados às estruturas de suas crenças. O medo de contrair certas doenças e da morte prematura pode tornar-se muito grande, e acredita-se que essas situações sejam inevitáveis, sendo que ocasionalmente algumas pessoas chegam a se suicidar para aliviar a pressão ocasionada pela incerteza. Qualquer que seja a probabilidade de um padrão igual se repetir na mesma família, não significa que obrigatoriamente acontecerá: qualquer padrão pode ser mudado se houver suficiente discernimento e força de vontade para que isso ocorra.

## COMO MUDAR PADRÕES GENÉTICOS

Em seu livro *Healing Breakthroughs,* o dr. Larry Dossey relata o caso de um paciente chamado Max que, quando tinha cerca de 35 anos, teve um ataque do coração causado por um distúrbio genético associado a taxas elevadas de colesterol. Muitos dos seus parentes do sexo masculino haviam morrido quando tinham mais ou menos a mesma idade; assim sendo o prognóstico a longo prazo não era bom. Mas Max era um indivíduo determinado, e as primeiras atitudes que tomou foram tornar-se vegetariano e aderir a várias dietas recomendadas pelos médicos para baixar os níveis de colesterol do sangue. Infelizmente, todos os seus esforços tiveram como resultado só uma pequena queda na taxa de colesterol, e Max acreditou que ele também estava destinado a morrer jovem. Foi então que o dr. Dossey receitou um outro método que Max ainda não havia tentado: técnicas de relaxamento. A meditação era a base disso, e ele deveria ficar quieto durante vinte minutos, duas vezes ao dia, e observar seus pensamentos invadindo e deixando sua mente, sem se envolver com eles. Funcionou; depois de dez anos a taxa de colesterol de Max chegou a um nível abaixo do normal, e ele atingiu o recorde de longevidade entre os homens de sua família.

Uma de minhas alunas tem um defeito genético que faz com que as extremidades dos ossos continuem crescendo em forma de tumor. Vários membros da família dela, por parte da mãe, sofrem dessa doença. Em seu caso específico, isso não se tornou um problema real, pois ao atingir a idade adulta a protuberância não se desenvolvera mais; algo dentro dela fez com que reagisse ao defeito. Por outro lado, sua irmã não teve tanta sorte e foi obrigada a fazer várias cirurgias para remover os tumores. Se fizermos um exame superficial, aparentemente uma irmã teve mais sorte do que a outra; contudo, também é possível que uma irmã estivesse determinada a não deixar que o problema a afligisse, enquanto a outra tivesse uma preocupação diferente. O seu sofrimento era um meio de chamar a atenção e contribuíra para que, de certo modo, ela se sentisse importante.

Se esse fosse o caso, então evidentemente o defeito genético não seria a única resposta ao problema. Algo em sua mente precisaria ser curado primeiro. O caso do menino com problema de pele, contado à página 29, mostra que é possível que a mente e o consciente corrijam padrões genéticos. Talvez tenha sido por isso que o monge Rasputin conseguiu levar alívio a Alexei, filho do czar Nicholas II, que sofria de uma doença transmitida geneticamente, a hemofilia.

O que essas histórias demonstram é que os mitos familiares podem ser mudados quando a pessoa não se deixa simplesmente tomar pela crença na inevitabilidade do padrão. Entretanto, algumas famílias parecem particularmente predestinadas e não têm, aparentemente, capacidade para mudar o curso de seus padrões. Essas famílias às vezes crêem que foram amaldiçoadas por causa de um erro terrível do passado, e maldições desse tipo foram realmente observadas em algumas famílias aristocráticas da Grã-Bretanha.

## MALDIÇÕES EM FAMÍLIA

Em seu livro publicado no final do século – *Haunted Houses: The Tales of the Supernatural, with some Accounts of Hereditary Curses and Family Legends* –, C. G. Harper menciona uma série de maldições que afetaram famílias escocesas. A maldição de Moy, moradia da família Mackintosh, surgiu quando o chefe do clã assassinou o pai e o amante de uma jovem de uma família rival e a forçou a olhar os corpos mutilados. Acredita-se que a jovem tenha dito: "Que jamais um filho de um chefe Moy viva para zelar pela velhice de seu pai. Ou feche pacificamente os olhos de seu pai morto, ou assuma sua herança sombria." Acredita-se que essa maldição tenha agido até chegar ao atual chefe do clã dos Mackintosh e de seu pai, que só se tornou chefe depois que a linha direta chegou ao fim.

O problema relacionado a maldições está em separar o que é uma visão profética, do que é realmente maldição contra alguém – algo que era bastante comum na Escócia. Um dos mais famosos profetas escoceses foi Coinneach Odhar, que viveu durante o reino de Carlos II, no século XVII. Ele é conhecido por ter previsto corretamente a ruína da família de seus opressores, os condes de Seaforth, depois que a mulher do então conde ordenara que queimassem Odhar como feiticeiro, por adivinhar que o marido dela estava tendo um romance com uma fidalga de Paris. Sabe-se que, quando foi levado à fogueira, Odhar contou sua visão terrível do futuro, envolvendo o fim da linhagem dos Seaforth. Como sinal de que sua profecia seria realizada, ele afirmou que, dos quatro últimos proprietários daquelas terras, um teria os dentes saltados, o outro teria lábio leporino, o outro não teria o juízo perfeito e o último seria gago. O restante de suas posses passaria para o controle de uma viúva de capuz branco, do leste, que mataria sua irmã e, finalmente, que a grande casa de Brahan, residência da família Seaforth, seria destruída.

Todos os detalhes de sua maldição aconteceram num prazo de 150 anos. A filha do último herdeiro do sexo masculino, que havia retornado da Índia após a morte do marido, teve um acidente quando dirigia uma pequena carroça puxada por um pônei, o que provocou a morte da irmã. A casa dos Brahan foi demolida depois da Segunda Guerra Mundial.

Uma outra profecia de Coinneach é a de que:

> Quando Norman, o terceiro Norman, filho de uma inglesa robusta, morrer em conseqüência de um acidente; quando as Maidens [um grupo de rochas] tornarem-se propriedade dos Campbell; quando uma raposa der à luz em uma das torres do castelo Dunvegan; e particularmente quando a bandeira encantada for exibida pela última vez; então a glória dos Macleods terminará; grande parte das terras será vendida a outros (...)

Muitos anos mais tarde, começando em 1799, essas profecias se realizaram com precisão fantástica.

Coinneach certamente foi um sujeito enigmático que, segundo a tradição, começou a profetizar ainda muito jovem. Há inúmeras histórias de como isso aconteceu, mas todas as versões afirmam que esse dom lhe foi dado pelos *Sithean*, os espíritos ancestrais que assombram os lugares onde há pessoas enterradas e os túmulos, e em cujos confins encontra-se o dom da "segunda visão".

A Escócia parece ser particularmente rica em histórias como essa, possivelmente devido a um forte tom sobrenatural na tradição escocesa, mas a Inglaterra também tem a sua cota. Uma das maldições mais terríveis foi lançada contra a família Browne que, depois da dissolução dos mosteiros, ganhou de Henrique VIII a Abadia da Batalha, em Sussex. Diz-se que sir Anthony Browne ofendeu gravemente os monges beneditinos ao expulsá-los do mosteiro, e sabe-se que o abade pronunciou contra ele e sua família a maldição que os seguiria "quando estivessem dormindo ou acordados, comendo ou bebendo, e em todas as suas idas e vindas, até que o fogo e a água destruíssem sua casa, e extinguissem sua família e toda a sua posteridade para sempre". A partir daquele momento, o infortúnio começou a perseguir a família, terminando com o trágico afogamento dos dois filhos da última filha, a sra. Poyntz, em 1815.

Os Kennedys, nos Estados Unidos (ver p. 99), são outra família com uma maldição conhecida. Eles sem dúvida sofreram uma grande tragédia, aumentada por ser alvo de publicidade. Existe uma lenda segundo a qual os Kennedys foram amaldiçoados por algum erro cometido quando um de seus ancestrais morava na Irlanda. Ali também, como na Escócia, era costume amaldiçoar uma pessoa por ter cometido uma falta, assim como abençoá-lo por sua bondade. No entanto, na família Kennedy parece que os problemas mais sérios se manifestaram nos filhos e nos netos de Joseph e Rose Kennedy, os pais de Jack, Robert e Teddy. Uma outra história sugere que Joe Kennedy foi amaldiçoado, por sua propaganda antibritânica e pró-nazista, quando era embaixador dos Estados Unidos na Grã-Bretanha, entre 1937 e 1941. Se os Kennedys foram realmente amaldiçoados ou se ainda estão vivendo padrões estabelecidos por Joe e Rose, jamais se saberá; contudo, parece que a desgraça ainda ronda a família.

Depois da publicação do artigo "A família Shand-Kydd é amaldiçoada?", no *Daily Mail* no verão de 1996, William Shand-Kydd sofreu um acidente grave quando estava cavalgando e quebrou o pescoço. A reportagem chamava a atenção para uma série de tragédias que haviam ocorrido com a família Shand-Kydd e às pessoas ligadas a ela. Esses eventos podem ter ligações ancestrais, mas só podemos ter certeza a respeito disso depois de estabelecer uma ligação clara entre a padronização e a vida de outros membros da família. Os padrões que se repetem em várias gerações são, quase certamente, de origem ancestral. Eles podem ser tratados mais eficientemente por meio das técnicas de cura apresentadas neste livro.

## "FANTASMAS" ANCESTRAIS

Às vezes, ancestrais falecidos parecem ficar, de uma maneira muito palpável, próximo aos familiares, para cuidar deles. Uma colega que investigava um caso de assombração tinha consciência da presença de uma mulher parecida com um retrato que estava na casa. Essa "ancestral" informou telepaticamente a ela que protegeria a casa enquanto a família conservasse seu retrato. Quando ela contou essa experiência à família, minha colega foi informada de que realmente havia uma lenda desse tipo associada a esse retrato em particular. Certa ocasião, quando a família estivera em dificuldades financeiras e havia mandado esse quadro para ser leiloado, a casa começou a pegar fogo, como um aviso. É desnecessário dizer que o retrato foi rapidamente levado de volta ao seu lugar de direito; desde então não houve outros incidentes.

Uma história semelhante foi relatada ao *Daily Mail,* na primavera de 1996. Um quadro representando uma filha ilegítima da família Leeks, chamada Henrietta Nelson, havia sido roubado. Sempre desprezada devido às suas origens, Henrietta morreu em 1815, e seu último pedido, o de ser enterrada no jazigo da família, foi satisfeito. No entanto, trinta anos mais tarde, seu caixão foi removido para o cemitério da igreja local, depois do que seu fantasma apareceu pela primeira vez. De acordo com o atual dono do retrato, seu espírito está agora ligado ao quadro, e ele advertiu os ladrões de que eles podem ter levado mais coisas do que pretendiam.

## COMO RESTABELECER UMA LIGAÇÃO FAMILIAR

Por volta de 1670, o moinho da propriedade Dumfriesshire, da família Jardine, foi destruído num incêndio. Porteous, o moleiro, foi acusado por sir Alexander Jardine e jogado no calabouço, onde era alimentado com uma ração mínima, suficiente apenas para mantê-lo vivo. Sir Alexander um dia partiu para Edimburgo, e sem querer levou consigo as chaves do calabouço. Na volta, ele verificou que Porteous havia morrido de fome, tendo comido os dedos até os nós para tentar amenizá-la. A partir desse momento, o lugar pareceu ficar assombrado pelo fantasma do moleiro e, apesar das inúmeras tentativas de exorcismo, a única coisa que parecia conseguir manter afastado esse espírito irrequieto era a Bíblia da família. A fortuna da família Jardine diminuiu e, finalmente, eles foram forçados a abandonar seu lar e partir para Spedlins Tower, em Lochmaben. Desde então, a família mudou constantemente, e muitos de seus negócios fracassaram.

A reviravolta dessa história foi dada com a ajuda da mulher do atual sir Alec Jardine. Mary Jardine pratica a cura espiritual e é terapeuta. Um dia, enquanto curava o marido, ela subitamente percebeu que a energia ancestral de Porteous estava postada em frente ao plexo solar de sir Alec, como se ainda estivesse amaldiçoando os Jardines. A isso seguiu-se uma série de impressões sobrenaturais, as quais insinuaram fortemente que, no século XVII, o pai de sir Alexander, William Jardine, havia violentado a mãe de Porteous e que, conseqüentemente, sir Alexander e Porteous eram meio-irmãos – fato esse que quase certamente era conhecido por ambos, quando Porteous foi jogado na prisão. Devido à sua negligência, sir Alexander Jardine havia sido o responsável pela morte terrível de seu meio-irmão.

Para resolver a situação, em 1993, o atual sir Alec consultou um conselheiro em Edimburgo, que o ajudou a tomar a decisão de incluir Porteous e seus descendentes na árvore genealógica e que, como prova do reconhecimento, Alec deveria plantar uma árvore em Spedlins. O atual dono da casa deu seu consentimento e, em abril de 1993, os Jardines plantaram um carvalho na propriedade e depois leram os cinco primeiros versos do Salmo 40:

> Esperei ansiosamente pelo Senhor; ele se inclinou para mim e ouviu o meu grito.
>
> Ele me fez subir da cova fatal, do brejo lodoso: colocou meus pés sobre a rocha, firmando meus passos.
>
> Pôs em minha boca um cântico novo, um hino de louvor ao nosso Deus; muitos verão e temerão, e confiarão no Senhor.
>
> Feliz é este homem cuja confiança é o Senhor: ele não se volta para os soberbos, nem para os sequazes da mentira.

Quantas maravilhas realizastes, Senhor, meu Deus, quantos projetos em nosso favor; ninguém se compara a ti. Quero anunciá-los, falar deles, mas ultrapassam qualquer conta.

Exatamente um ano depois, numa segunda-feira, 11 de abril de 1994, sir Alec ficou muito doente, com uma terrível dor de estômago; ao tratá-lo, sua mulher Mary sentiu que ainda restava uma cicatriz por causa de Porteous. Assim, eles leram os Salmos novamente, e dessa vez sentiram uma libertação completa para ambos, Porteous e Alec, da influência mutuamente destrutiva. Desde então o otimismo tomou conta da família, além de uma sensação de alívio daquilo que até então tinham sentido como um grande e desconhecido fardo. O objetivo foi deixar as gerações futuras dos Jardines livres desse padrão kármico.

## KARMA DE FAMÍLIA E REENCARNAÇÃO

A idéia de que podemos reencarnar em nossa própria família em gerações subseqüentes é muito interessante. Roger Woolger, autor de *Other Lives Other Selves**, que tem trabalhado extensamente com terapia de vidas passadas, tem consciência de que, em duas de suas vidas, ele foi o avô e o neto numa mesma família. Algo semelhante aconteceu a uma colega que assistiu a um dos meus cursos sobre cura ancestral.

A história começou quando, durante uma sessão de massagem nos pés, ela repentinamente passou para outro estado de consciência e se viu diante de uma cena do final do século XIX. Alguns jovens vestidos com calções largos e curtos corriam da parte de dentro de uma lojinha para fora; na parte da frente havia uns barris e um carrinho de mão antigo. A cena então mudou e ela se viu olhando um porto onde havia uma série de escunas de três velas. Depois, a imagem desapareceu.

---

* *As Várias Vidas da Alma*, publicado pela Editora Cultrix, São Paulo, 1994.

Isso não significava nada na época, e portanto minha colega não pensou mais sobre o assunto. Algumas semanas depois, quando estava meditando, ela novamente sentiu que passava para outro estado de consciência. Dessa vez ela sentiu que estava num submarino, que de certo modo havia "conhecido" durante a Primeira Guerra Mundial. De repente, ouviu gritos e sentiu pânico ao "ver" a água invadindo o local, e nesse momento ela desmaiou. Ela interrompeu a meditação, muito chocada.

Algumas semanas depois, algo fez com que perguntasse a seu pai sobre a infância dele. Ele contou-lhe alguns detalhes que a fizeram se lembrar dos meninos que havia visto. Então ela lhe perguntou se havia uma lojinha de esquina, perto da casa em que ele havia morado quando criança. O pai confirmou: ele e seu irmão freqüentemente iam até a lojinha e, enquanto um dos dois mantinha o dono da loja ocupado, o outro roubava alguns doces dos barris do lado de fora. Na época eles moravam em Bristol, e o pai confirmou que muitas vezes viam escunas de três velas nas docas. Ela então perguntou ao pai sobre seu irmão, e ficou surpresa ao descobrir que ele havia morrido num submarino durante a Primeira Guerra Mundial, aos 25 anos de idade.

Sua experiência seguinte ocorreu numa outra sessão de meditação orientada, em que ela começou a se "ver" num submarino que estava afundando. Ela teve uma forte sensação de estar presa num espaço claustrofóbico e sentiu crescer o pânico à medida que a água penetrava. Seu primeiro pensamento foi o de que sua alma estaria para sempre presa nesse caixão de água, mas então algo dentro dela mostrou que ela poderia sair de lá. De repente, ela percebeu que estava assistindo a uma cena de desastre e notou quatro marinheiros que nadavam no mar.

Seu pai decidiu pesquisar o material disponível sobre o desaparecimento do submarino de seu irmão, que havia sido acidentalmente afundado pelos ingleses no dia 15 de março de 1918. Todos os relatórios contavam o que minha colega havia "visto" e vivido durante a meditação; a maior prova havia sido dada pelos quatro sobreviventes vistos à superfície d'água.

Evidentemente, as experiências que ela viveu continham todas as marcas de alguém que havia, na realidade, passado por esses acontecimentos. Existe a possibilidade de que ela tenha extraído isso dos padrões de memória do tio, ou que em algum nível ele tenha transmitido para ela o que lhe havia acontecido. No entanto, ela sentiu a experiência exatamente como se ela mesma a tivesse protagonizado, e pareceria mais provável que minha colega tivesse sido o irmão mais velho de seu pai.

A virada final dessa história ocorreu quando seu pai falou sobre a mulher do irmão, que era negra e havia dado à luz uma criança quando o marido morreu. Devido ao fato de a família toda ter sido contra o casamento, não a deixaram comparecer ao enterro dele, e mais tarde a rejeitaram. O pai de minha colega lembrava-se de que, durante o enterro da mãe, havia visto uma menina mulata, de seus 14 anos, que colocou algumas flores sobre o túmulo de quem teria sido sua avó. Depois disso, não tivera mais nenhuma notícia dela. Enquanto isso, no entanto, a filha de minha colega deu à luz uma menina mestiça de quem não queria cuidar, e minha colega acabou adotando essa criança.

Essa história parece captar uma série de elementos importantes dentro do drama de uma família, incluindo a possibilidade de que podemos reencarnar na estrutura familiar. A história envolve uma criança mestiça como parte de uma dinâmica de família, sugerindo que padrões podem inconscientemente se repetir ao longo das gerações.

Em todas essas histórias e crenças, a influência ancestral é fortemente reconhecida. Conquanto alguns aspectos possam parecer bobagens supersticiosas, o peso da evidência indica que nossos ancestrais realmente exercem influência sobre nós, como almas ou como padrões de energia. Por meio de que mecanismos nossos ancestrais poderiam nos afetar? Pode a pessoa morta realmente ter influência sobre os vivos? Para responder a essas perguntas precisamos nos voltar para a genética e examinar como a ciência ortodoxa, de um lado, e alguns pensadores originais, do outro, estão atualmente começando a ver o nosso DNA.

*Capítulo 4*

# Esses Genes Indefiníveis

Não há dúvida de que os nossos genes têm um papel importante na formação da nossa vida. Mas até que ponto somos o produto dessa mistura precisa de cromossomos, que ocorreu no momento da concepção, e quanto devemos a outros fatores? Este capítulo examina o papel do DNA em nossa vida e sua relevância para nossos ancestrais em particular.

A partir de muitos estudos desenvolvidos, aceita-se atualmente a idéia de que nosso corpo físico é o resultado de 90% de nossos genes, enquanto nossa formação psicológica é somente 35% genética. Isso inclui características como o alcoolismo, a criminalidade e as reações emocionais às situações. De uma maneira geral, pode-se dizer que aproximadamente um terço de nossos padrões não-físicos têm origem em nossa herança genética. Em determinados indivíduos, essa faixa psicológica pode variar consideravelmente: algumas pessoas expressam muitas semelhanças com seus pais ou avós, enquanto outras exibem muito poucas. A fim de compreender os mecanismos pelos quais esses padrões não-físicos herdados podem estar nos afetando, precisamos considerar a evolução dos estudos genéticos e o que eles nos dizem.

## OS PRIMEIROS TRABALHOS NA ÁREA DA GENÉTICA

O estudo científico sobre hereditariedade, geralmente conhecido como genética, é um assunto fascinante que começou no século XIX com o trabalho de um monge austríaco, Gregor Mendel. Ele fez uma série de observações meticulosas sobre a cor da semente da ervilha e o peso da planta da ervilha. Às vezes, as ervilhas eram bastante diferentes das daquelas que lhes deram origem, e essas diferenças podiam ser investigadas. A idéia de que os pais contribuíam para determinar a forma física dos filhos existia desde os tempos da Grécia Antiga – de fato, num patamar básico, a compreensão dos princípios hereditários existe provavelmente desde os primeiros homens, devido à domesticação de animais e ao desenvolvimento de novas variedades de plantas. Mas só foi possível chegar a uma compreensão mais ampla desses princípios com o trabalho de Mendel e de outros geneticistas que o sucederam. A pesquisa inicial baseava-se na procriação repetitiva e na contagem cuidadosa de descendentes normais e mutantes. As leis da hereditariedade foram formuladas a partir dessas observações.

## A MOLÉCULA DE DNA

Atualmente, a genética é uma ciência muito diferente, e baseia-se tanto na química quanto nas estruturas moleculares. Ela começou seu desenvolvimento na década de 50, quando a molécula de DNA foi descoberta e reconhecida como sendo uma fotocópia genética encontrada dentro de cada célula viva. Atualmente, a ciência abrange técnicas de recombinação do DNA, o que geralmente é mais conhecido como engenharia genética. Genes individuais foram isolados, analisados, modificados e, em alguns casos, enxertados em genes de outros organismos. Novos alimentos foram desenvolvidos, impressões digitais por DNA são utilizadas tanto em análises criminais como em estudos científicos, e surgiram possibilidades de tratar distúrbios transmitidos geneticamente, tais como a hemofilia.

A molécula foi primeiramente isolada no início dos anos 50, por Watson e Crick, o que lhes valeu o Prêmio Nobel. O DNA é a molécula-mestra de cada célula viva, transmitindo informações de uma maneira precisa e bem-organizada. Se não preenchesse suas funções num nível muito elevado, a vida física seria impossível. O DNA consiste de cinco átomos: oxigênio, hidrogênio, carbono, nitrogênio e fósforo. Esses, por sua vez, combinam-se para formar quatro substâncias simples isoladas chamadas nucleotídeos, que são conhecidas como adenina, timina, guanina e citosina (A, T, G e C). As diferentes combinações dessas quatro letras formam os códigos contidos em cada uma das cadeias do DNA.

Aparentemente, o DNA tem uma superinteligência que é mais evidente durante o estágio de desenvolvimento do feto. Quando o espermatozóide do pai e o óvulo da mãe unem-se no momento da concepção, inicia-se um processo que culmina com um ser surpreendentemente complexo que é você. Leve em consideração o que ocorre quando esse milagre da criação acontece. Duas células separadas se unem, o DNA as liga, e então as células começam a se dividir, reproduzindo-se de forma idêntica. Mas nesse ponto é que o milagre começa realmente nas células, pois, embora cada célula seja gêmea da outra, ela "sabe" precisamente se é, por exemplo, uma célula do cérebro, do coração ou do sangue, e cada uma tem uma função diferente. Além do mais, cada célula segue para o lugar certo nesse organismo de grande complexidade.

## O milagre da vida

Para entender melhor a magnitude e a sutileza dessa operação, pode-se imaginar uma grande estrutura como a do Empire State Building, em Nova York, que tem 380 metros de altura.

Simplificando, suponhamos que todo o prédio seja feito de segmentos individuais do tamanho de tijolos. Cada segmento precisa saber se faz parte da estrutura principal – o piso, a parede ou o teto

– ou se faz parte dos acessórios, como um soquete, um cabo de telefone, e assim por diante. Cada parte precisa se encaixar de maneira correta e no momento certo para que o prédio seja bem construído. O prédio pronto precisa atender a todas as suas funções necessárias e – o que é mais importante – não desmoronar devido a um erro estrutural. A ciência afirma que cada tijolo contém essa informação, e que os estágios de desenvolvimento que levaram ao prédio foram resultado do acaso. Entretanto, a lógica sugere que cada edifício precisa de um arquiteto ou de uma planta geral, para que não desmorone. Se esse prédio espelhasse o desenvolvimento de um bebê humano, começando com dois tijolos somente, no espaço de cerca de seis meses um arranha-céu lindo e muito peculiar teria sido criado.

Mas então vem a parte surpreendente. Uma estrutura como a do Empire State Building provavelmente precisaria de cerca de cinco bilhões de segmentos ou tijolos. O corpo humano é composto de aproximadamente cinqüenta trilhões de células, o equivalente a dez mil prédios como o Empire State. Isso cobriria uma área contínua de aproximadamente cem quilômetros quadrados. Seria o mesmo que fazer a fundação de todos os prédios da área central de Londres e terminá-los em apenas seis meses. Será possível que as quatro substâncias químicas simples do DNA, os nucleotídeos, sejam realmente o guia que conduz a edificação por trás dessa estrutura? Como o dr. Deepak Chopra, antigo chefe de departamento do New England Memorial Hospital, em Massachusetts, afirma em seu livro *Quantum Healing*:

> Pode ser fácil para você pensar que o DNA, com seus bilhões de partículas genéticas, é uma molécula inteligente; certamente deve ser mais esperta do que uma molécula simples como a do açúcar. Qual é o nível de inteligência do açúcar? Mas o DNA é, na realidade, simplesmente um composto de cordões de açúcar, aminos e outros componentes simples. Se esses componen-

tes não forem "espertos" por natureza, então o DNA não se tornará esperto simplesmente por ser um conjunto deles. Seguindo essa linha de pensamento, por que o átomo de carbono ou de hidrogênio do açúcar também não é esperto? Se a inteligência está presente no corpo, ela tem de vir de algum lugar, e esse lugar pode estar em toda a parte.

Técnicas de engenharia genética nos mostram, porém, que os genes transmitem informações precisas e são aparentemente inteligentes. Portanto, deparamo-nos com dois problemas. Primeiro, se os genes não são a fonte da inteligência, então qual é? Segundo, como os genes funcionam? Antes de tentarmos destrinchar essas questões, vamos analisar como os genes transmitem informação para o corpo.

## O RNA E AS PROTEÍNAS

A fim de transmitir sua mensagem para o corpo, o DNA se duplica em outras moléculas chamadas RNA (ácido ribonucléico), que são muito semelhantes ao DNA, mas com algumas modificações insignificantes em sua formação química. O RNA poderia ser visto como uma célula mensageira do corpo, que por sua vez controla a produção de uma outra molécula chamada proteína. O RNA determina a natureza precisa das proteínas produzidas e pode-se dizer que as codifica. Nem todas as moléculas de RNA participam da produção de proteínas, mas essa é uma de suas funções principais.

As proteínas são o principal determinante das características de um organismo – quer seja, por exemplo, um macaco, um rato ou um ser humano. Dependendo de sua função, essas substâncias podem ser classificadas em grupos, tais como proteínas estruturais, reguladoras e enzimáticas. Uma proteína consiste de uma cadeia de aminoácidos, sendo que existem vinte tipos biológicos importantes. As enzimas aceleram as reações químicas no corpo em mais de cem bilhões de vezes e consistem de estruturas extremamente complexas, com funções muito específicas. Para se chegar a uma determinada reação, tal como a conversão de açúcar em energia, apenas uma proteína, é necessária uma especificidade surpreendente – o equivalente a uma chave que precisa de uma combinação de cem trilhões de partículas para abrir uma fechadura. Será possível que esse grau de complexidade seja resultante de um processo aleatório?

Finalmente, sabe-se que a informação genética é transferida do DNA para o RNA e deste para a proteína. Entretanto, em alguns casos, a informação pode passar do RNA para o DNA. O DNA é muito estável e, no entanto, em certas circunstâncias o RNA não o é, e pode ser modificado tanto por meio da alimentação quanto por influências ambientais. Assim sendo, as mensagens enviadas do DNA para o RNA poderiam ser mudadas se houvesse uma variação no RNA. Essas mensagens alterariam o modo pelo qual o corpo normalmente responde a certos estímulos. Essa pode ser a explicação para as mudanças no menino que sofria de descamação, mencionado na página 29.

Para que possamos voltar a investigar qual seria a fonte de nossa inteligência genética, precisamos antes voltar um passo no tempo a fim de entender as origens do pensamento científico atual, com relação a esse assunto.

## DARWINISMO

Nos últimos cem anos, alguns cientistas conquistaram fama por terem moldado décadas de pesquisas e de pensamento científicos. Newton foi certamente um deles, Einstein outro, e, no campo da biologia, Darwin precisa ter um lugar ao lado deles, por ter dado seu nome à principal teoria da evolução. O título completo de seu trabalho mais famoso foi *Da Origem das Espécies Através da Seleção Natural ou a Conservação das Raças Favorecidas na Luta pela Vida.* Esse título engloba a idéia de Darwin de que a evolução baseia-se na sobrevivência dos mais capazes. A seleção natural ocorreria por meio de pequenas mutações ao acaso de genes que às vezes ocasionavam um modelo "mais aperfeiçoado", mais apropriado ou mais bem adaptado para sobreviver. Esse processo de pequenas mutações ao acaso eliminaria qualquer idéia de que exista uma consciência guiando a evolução. Realmente não havia nenhuma necessidade de incluir Deus na equação, e a crença cristã de que o mundo foi criado por Deus por volta do ano 4000 a.C., tal como está descrito no livro de Gênesis, podia ser refutada com sucesso. A divisão entre ciência e religião tornou-se completa.

Esse golpe de mestre teórico explicou todos os desenvolvimentos da evolução em termos simples, que têm sido aceitos por muito tempo. As observações e a lógica de Darwin foram tão convincentes que gerações subseqüentes de biólogos aderiram rigidamente a esses princípios, com poucas exceções. Contudo, a teoria de Darwin, apesar de suas grandes elucidações, contém muitos erros graves que tendem a ser ignorados.

## A COMPLEXIDADE NA EVOLUÇÃO

O problema principal do darwinismo reside no modo pelo qual se considera que os sistemas simples evoluam para a complexidade. A idéia simples que defende o processo de um só passo parece atraente até ser comparada a outros modelos teóricos diferentes. Um exemplo é a idéia de quanto tempo um grupo de macacos levaria para datilografar aleatoriamente os trabalhos completos de Shakespeare, se considerarmos que estes têm complexidade comparável à do organismo humano. Matematicamente falando, pode ser demonstrado que a probabilidade de isso acontecer é tão pequena que pode ser considerada praticamente impossível.

Um outro problema que os biólogos enfrentam quanto à questão da evolução é encontrar evidências dos passos intermediários. Evidentemente, as espécies têm mudado em resposta a pressões ambientais, mas cada uma dessas mudanças implicava uma melhoria a fim de que as espécies sobrevivessem. Se uma espécie não se adaptasse, acabaria extinta, o que aconteceu a muitas criaturas e plantas em toda a história do planeta. Mas nenhuma evidência foi encontrada para as pequenas mutações do tipo um só passo; todas as evidências apontam para mudanças evolucionárias bem maiores.

## O olho na evolução

Um exemplo disso é o órgão da visão, que assume formas diferentes nos insetos, nos mamíferos e num grupo de criaturas que inclui o polvo. O olho é um órgão tão complexo que já foi demonstrado que sua evolução por pequenas mutações do tipo um só passo é matematicamente impossível se considerarmos o período de tempo que as criaturas vivem na Terra. Como no caso dos macacos datilografando os trabalhos de Shakespeare, isso também é impossível.

Isso fica mais óbvio ao considerarmos, como analogia, um projetor de *slides* que pode facilmente ficar fora de foco. A projeção indistinta da fotografia na tela não faz muito sentido até que seja colocada em foco, o que só pode ser feito por meio de grandes passos; pequenos movimentos isolados não levam a lugar nenhum. Uma mudança evolucionária necessária só ocorrerá depois de se entender que é importante focalizar. Devido a essas anomalias, a maioria das pesquisas científicas recentes tem apoiado a idéia da mutação "direta", em que o organismo se modifica conscientemente em resposta a um problema.

## Moscas-das-frutas, ratos e pássaro-azul

Mae Wan Ho, da Open University, efetuou alguns experimentos com moscas-das-frutas, mudando de tal forma o ambiente desses insetos que o bem-estar deles ficou, a longo prazo, seriamente prejudicado. Ocorreram mutações na prole para combater a ameaça, e rapidamente surgiu uma nova família de mosca-das-frutas que se adaptou perfeitamente às condições ambientais. Quando o ambiente em que elas viviam antes foi restaurado, as moscas também voltaram ao estado original. No entanto, quando o ambiente foi mais uma vez alterado, apareceu quase imediatamente uma nova família de mosca-das-frutas. Essa aparente capacidade de transmitir informações, contrária ao pensamento darwiniano, tem sido observada em outros experimentos.

Num outro experimento com a mosca-das-frutas, o DNA dos insetos foi alterado para produzir moscas-das-frutas cegas, e obviamente a geração seguinte nasceu sem visão. Contudo, em algumas gerações posteriores, as moscas-das-frutas haviam readquirido a visão, em resposta a esse impedimento ambiental. Mutações ao acaso não poderiam explicar a velocidade dessa mudança do DNA. Alguns outros fatores deveriam estar em ação.

Num experimento mais simples, realizado por John Cairns e por seus colegas em Harvard, colocou-se bactérias incapazes de metabolizar lactose numa solução em que não havia outros nutrientes disponíveis além desse. As bactérias enfrentavam um dilema terrível: sofrer uma mutação ou morrer de fome. Elas não só conseguiram adaptar-se, mas passaram essa capacidade a futuras gerações.

Um estudo mais rigoroso dentro da mesma linha foi efetuado por Barry Hall da University of Connecticut. As bactérias de seu estudo tinham de desempenhar duas mutações a fim de metabolizar o açúcar; elas foram capazes de fazer isso e também passaram essa capacidade para outras gerações. A probabilidade de realizarem isso de um modo aleatório foi calculada em uma em um trilhão.

Num resumo excelente sobre o debate da "mutação dirigida", Neville Symonds, professor emérito da Sussex University, afirmou que "certo grau de mutagênese [mutação] direta (...) é uma conseqüência inevitável do modo como as células funcionam". A ciência (ou pelo menos alguns cientistas) atualmente aceita que a evolução não é bem uma loteria como Darwin afirmou.

Um outro ponto importante da teoria de Darwin é o de que as capacidades aprendidas com uma geração não podem ser transmitidas para os descendentes da geração seguinte. Mas isso também é algo duvidoso. Em meados de 1920, foram realizados alguns experimentos com ratos, que eram submetidos a uma série de testes de aprendizagem. Foi comprovado que as gerações que sucederam à dos ratos do teste original completavam os testes mais rapidamente e – o que foi mais surpreendente – ratos em outros países submetidos a testes semelhantes pareciam começar do ponto em que o grupo original havia parado.

Essa capacidade de transmitir informações mesmo a distância também foi observada nos pássaros-azuis, que bicavam as garrafas de leite com tampas de papel-alumínio para chegar ao seu conteúdo. A velocidade com que esse fenômeno se espalhou por toda a Grã-Bretanha não poderia ser facilmente atribuída a uma imitação. Parecia que a técnica era aprendida independentemente, e também ocorreu na Suécia, Holanda e Dinamarca. O caso holandês foi particularmente interessante, pois as entregas de leite de porta em porta foram interrompidas durante os anos da guerra; assim sendo, muitas gerações dessas aves tiveram seu suplemento alimentar suspenso. Quando a paz voltou, bem como a garrafa de leite diária, os pássaros furadores do papel-alumínio também retornaram – como se nada tivesse acontecido.

## A TEORIA DE LAMARCK

Se Darwin errou ao afirmar que a evolução ocorria por mutações aleatórias do tipo um passo de cada vez, existe alguma teoria que explique esses fenômenos?

Em 1809, o cientista francês Jean Baptiste Lamarck publicou sua obra *Philosophie Zoologique*, em que propôs quatro idéias básicas:

- toda mudança significativa e continuada nas condições de vida produz uma mudança real nas necessidades dos animais envolvidos
- uma mudança nas necessidades gera novos hábitos
- a função alterada provoca mudança na estrutura
- ganhos ou perdas, decorrentes do uso ou do desuso, são transmitidos de pais para filhos

Nessas afirmações, estão implícitas as seguintes idéias:

- características adquiridas individualmente são transmissíveis de pais para filhos
- mudanças "inteligentes" ocorrem em resposta a mudanças no ambiente

Infelizmente, apesar do apoio do cientista francês, a grande maioria dos cientistas tem tomado o partido de Darwin, e é a teoria dele que ainda predomina. A fim de entender melhor o quanto realmente é transmitido de nossos pais para nós, precisamos examinar a pesquisa recente sobre gêmeos idênticos separados ao nascer.

## ESTUDOS SOBRE GÊMEOS

Os gêmeos sempre fascinaram os cientistas. Comparar gêmeos idênticos ou univitelinos (monozigóticos ou MZ, o que significa do mesmo óvulo fertilizado) a gêmeos não-idênticos ou fraternos (dizigóticos ou DZ, o que significa dois óvulos diferentes fertilizados) ajuda-nos a entender a extensão de nossa herança genética. Embora gêmeos MZ tenham padrões de impressão digital diferentes, a composição de seus DNAs é idêntica, pois ambos vêm do mesmo óvulo fertilizado. Conseqüentemente, eles são 100% réplicas genéticas, e qualquer diferença entre eles é causada por outros fatores. A fim de avaliar a extensão dessas diferenças, gêmeos idênticos foram comparados a gêmeos não-idênticos. Por exemplo, a maioria dos gêmeos idênticos tem a mesma altura, enquanto, com gêmeos fraternos, isso só acontece em menos de 50% dos casos. Isso indica que a altura da pessoa é bastante influenciada pelo DNA.

Um dos estudos mais fascinantes foi realizado pelo prof. Bouchard, de Minneapolis. O estudo começou quando ele soube, por acaso, de uma história extraordinária de gêmeos idênticos que haviam sido separados no momento do nascimento e foram adotados por famílias diferentes. Esses gêmeos, chamados Jim Lewis e Jim Springer, reencontraram-se quando tinham 39 anos de idade e descobriram uma série de semelhanças em suas vidas. Ambos se casaram pela primeira vez com mulheres chamadas Linda; ambos haviam se divorciado e casado novamente com mulheres chamadas Betty. Os primeiros filhos de ambos chamavam-se respectivamente James Allan e James Alan, sendo que a única diferença estava no modo de grafar o nome Allan/Alan; ambos costumavam passar as férias na mesma praia da Flórida; fumavam a mesma marca de cigarro; ambos haviam trabalhado como frentistas em postos de gasolina e como delegados de polícia. Quando crianças ambos tiveram um cachorro chamado Toy e os dois haviam construído no jardim de casa bancos pintados de branco em volta do tronco de uma árvore. E a lista continua. Quando o prof. Bouchard pesquisou esse caso, tentou descobrir outros gêmeos com experiências semelhantes. Desde então, as semelhanças na vida de gêmeos que viveram separados têm mostrado muitas "coincidências" impressionantes.

Duas gêmeas inglesas, Terry Connolly e Margaret Richardson, que também haviam sido separadas no momento do nascimento, descobriram que haviam se casado no mesmo dia em 1960, com uma hora de diferença de uma para a outra. Outras gêmeas inglesas, Dorothy Lowe e Bridget Harrison, resolveram escrever num diário durante apenas um ano de suas vidas — 1962. Elas não só compraram a mesma marca, modelo e cor de diário, como, quando compararam as páginas, haviam escolhido os mesmos dias. Em cada um desses estudos as semelhanças se multiplicaram, indicando que existe um nível de programação genética muito mais elevado do que suspeitávamos, ou que haja, talvez, uma "ligação sobrenatural que une os gêmeos".

Num experimento conduzido em 1994 pelo programa *The Clothes Show*, da televisão BBC, três grupos de irmãos gêmeos foram mandados separadamente às compras, sem que houvesse nenhuma possibilidade de se encontrarem durante todo o dia. De uma lista de dez lojas, disseram-lhes que escolhessem três e que então selecionassem duas peças de roupas. Duas irmãs gêmeas, Daphne Goodship e Barbara Herbert, haviam sido separadas ao nascer e criadas em famílias diferentes, reencontrando-se só quando já tinham quase quarenta anos. Como nos outros estudos de irmãos gêmeos, elas haviam descoberto muitas semelhanças em suas vidas, contudo ambas ainda se surpreenderam quando escolheram roupas praticamente idênticas. Outras irmãs, Lucy e Joanne Higgs, tinham enfatizado que havia pouca possibilidade de escolherem peças de roupa semelhantes, pois tinham gostos diferentes. Ficaram surpresas quando ambas separaram calças de couro e uma blusa de pele de leopardo para formar um dos conjuntos; e jaqueta e calça *jeans* semelhantes para formar o outro. Porém, o terceiro par de gêmeos, Peter e Lenny Love, escolheu conjuntos diferentes, mostrando que preferências individuais podem prevalecer qualquer que seja a ligação que traga à tona as semelhanças exibidas pelos outros gêmeos.

Muitos países estão realizando estudos sobre gêmeos, e o consenso atual indica que uma série de traços de personalidade tem um componente genético. Calcula-se que o comportamento neurótico, que inclui fobias e ansiedade, é 30% genético, enquanto as respostas emocionais gerais podem chegar a ser 40% genéticas. Um estudo realizado em 14 mil pessoas adotadas revelou que aquelas que tinham pelo menos um dos pais biológicos com uma condenação por roubo tinham uma probabilidade significativamente maior de cometer um delito semelhante. A história de Georgie Ellis (ver p. 55) é um exemplo dessa padronização.

Outros estudos indicam que gêmeos idênticos tendem a morrer na mesma época, seja por velhice, doença ou, o que é surpreendente, por acidente. Existiria um tipo de relógio genético funcionando dentro de nós, pronto para parar num momento predeterminado? Ou a causa seria uma "ligação sobrenatural"?

Os nossos genes com certeza têm o seu papel na moldagem de nossos padrões de comportamento e talvez também funcionem como desencadeadores de acontecimentos importantes da nossa vida. É tentador ver o material genético como a causa primária, mas há evidências que indicam que a função dos genes pode ser, de certo modo, diferente.

## A INTELIGÊNCIA POR TRÁS DOS GENES

Em seu livro *Quantum Healing*, Deepak Chopra não se detém diante de obstáculos ao tentar explicar o erro de se considerar os genes em si como repositórios da inteligência do corpo. A seu ver, a inteligência residiria naquilo que ele chama de corpo mecânico *quantum*, e é esse corpo invisível o verdadeiro transmissor de informações para o código genético. Ele afirma que "a ligação mente-corpo [é] como uma transmissão pelo rádio: a mente envia nossos impulsos de inteligência, o DNA os recebe". A molécula do DNA, então, pode ser vista como um rádio complexo que pega estações que transmitem sinais diferentes de transmissão do domínio *quantum*. Isso nos dá uma equação parecida com a seguinte:

**MENTE *QUANTUM* →DNA→RNA →PROTEÍNA**

A fim de reforçar esses argumentos, Chopra se apoiou nos experimentos com células sanguíneas do dr. Benveniste. Soro humano, repleto de glóbulos brancos, foi misturado a sangue de cabra, o que provocou a liberação de histamina, exatamente como aconteceria numa pessoa com problemas alérgicos. Depois Benveniste diluiu bastante o sangue de cabra, e a mesma reação ocorreu. Ele repetiu esse processo até não restar mais moléculas da substância original – na realidade, a "solução" final era simplesmente água destilada; mas a reação de histamina ocorreu como antes. Esse experimento foi refeito por outros grupos de pesquisadores do Canadá, de Israel e da Itália, com os mesmos resultados. Todos eles descobriram que o sistema imunológico do corpo pode ser acionado por um anticorpo que não está presente. Aparentemente a água continha o padrão de memória da substância original, e foi isso que provocou a reação.

Isso é exatamente o que acontece quando remédios homeopáticos são produzidos. Substâncias são diluídas em água até que não haja moléculas da substância original na solução. A "mistura" resultante é então dissolvida numa base neutra que forma a pílula homeopática. Segundo os termos da ciência ocidental, a homeopatia é uma impossibilidade; no entanto, milhões de pessoas atestam sua eficácia.

## RESSONÂNCIA

Em meu livro *A Cura Total* tentei oferecer uma outra explicação sobre o modo pelo qual as informações são transmitidas da mente para o corpo. Num artigo para a revista *Leading Edge*, Fred Alan Wolf afirmou: "A proposição fundamental é a de que tudo resulta da vibração, tudo está vibrando. Se uma pessoa consegue vibrar ou se ligar a qualquer coisa que esteja vibrando, cria-se uma ressonância. Encontra-se assim um modo de transferir energia de um ponto para outro."

Se a ressonância é a chave para a energia ou para a transferência de informação, existem modelos que possam explicar a ligação mente/corpo? São poucas as pessoas que não foram transportadas a algum momento de suas vidas, ao ouvir uma música. Ela pode despertar uma lembrança ou conter uma seqüência emocionante de determinadas notas, que mexe com as emoções e com a imaginação. Por que essas ressonâncias nos afetam tanto?

A teoria musical nos diz que a energia vibracional é transferida quando dois objetos, tais como dois diapasões, estão afinados na mesma freqüência. Se um diapasão soar numa sala e um outro, da mesma nota, for segurado próximo dali, o segundo diapasão começará a vibrar. Mas a teoria musical também nos diz que a energia é transferida pelas oitavas. Assim sendo, se o "dó" médio do piano for tocado, todas as outras notas "dó" começarão a vibrar, pois a energia de ressonância é transmitida pelas oitavas. É tentador imaginar essas oitavas se espalhando pelo infinito, para ambientes muito além da dimensão física em que vivemos.

Imaginemos que nosso corpo físico represente a oitava mais baixa do piano, nosso corpo emocional outra, nosso corpo mental uma terceira e a dimensão espiritual uma quarta. Podemos até incluir uma outra oitava representando o corpo *quantum* de Chopra. Quando qualquer nota soar, as informações serão imediatamente enviadas por meio de todas as oitavas. Quaisquer pensamentos ou sentimentos afetarão o corpo e, reciprocamente, substâncias absorvidas pelo corpo, como por exemplo o álcool, afetarão nossos estados mentais e emocionais. Informações estarão fluindo em nós todo o tempo. Talvez seja por isso que tenhamos uma resposta emocional quando uma música é tocada. Uma evidência para apoiar essa hipótese pode ser encontrada naqueles indivíduos infelizes que sofrem de personalidade múltipla.

## PERSONALIDADES MÚLTIPLAS

Muitos casos de personalidades múltiplas têm sido documentados e estudados cuidadosamente. O que em geral acontece é que os padrões da doença de uma personalidade mudam quando uma outra personalidade vem à tona. Um menino chamado Timmy apresentou aproximadamente uma dúzia de personalidades diferentes, uma das quais era alérgica a suco de laranja, o que lhe causava urticária. Isso acontecia mesmo quando essa personalidade emergia enquanto o suco estava sendo digerido; o corpo físico repentinamente ficava coberto de erupções. No entanto, quando a personalidade original voltava, o processo imediatamente revertia e as bolhas começavam a desaparecer. Quando a personalidade de um paciente muda, todas as doenças, cicatrizes e outros problemas podem aparecer ou desaparecer.

Aplicando esses exemplos à analogia do piano, é como se uma outra personalidade começasse a tocar as oitavas maiores do piano e imediatamente as oitavas menores, e em especial o corpo, ressoassem em tons diferentes.

**MENTE *QUANTUM***
**(PERSONALIDADE MÚLTIPLA 1)**

**DNA → RNA → PROTEÍNA**

**MENTE *QUANTUM***
**(PERSONALIDADE MÚLTIPLA 2)**

Essa capacidade da mente para impor um padrão físico sobre o corpo foi também observada pelo dr. Ian Stevenson em suas pesquisas detalhadas sobre vidas passadas mencionadas na página 22. Muitas vezes em que a pessoa sentia que numa vida anterior tivera uma morte violenta, marcas de nascença no corpo atual coincidiam com os ferimentos anteriores. Como no caso de personalidades múltiplas, é como se o corpo físico assumisse padrões de ressonância da alma ou da personalidade.

## RESSONÂNCIA MÓRFICA

Outra teoria, formulada pelo dr. Rupert Sheldrake, vem ganhando força ultimamente. Ele afirma que existem campos num nível subatômico que permitem que as ressonâncias sejam transferidas através do espaço e do tempo. Conhecidos como campos mórficos, eles contêm as memórias da natureza de um modo semelhante ao da água nos experimentos de Benveniste descritos na página 82. Segundo Sheldrake, são esses campos que moldam e dão significado à estrutura genética – a qual levou as moscas-das-frutas a readquirirem a visão depois de ficarem cegas. Por ter esses padrões de ressonância, os campos mórficos também transferem informações através do espaço, de tal modo que essas informações apreendidas em uma outra parte do mundo tornem-se imediatamente disponíveis para espécies em outra parte. Esses campos podem ser vistos como uma forma de "supervia da informação" não-física, que contém a memória de tudo que já ocorreu.

Essa idéia tem um significado especial com relação aos nossos antepassados. Se, como Sheldrake aponta, esses campos contêm todos os padrões de memória, então neles encontrar-se-iam os registros das vidas de todos os nossos antepassados. Afirmou-se anteriormente que, de acordo com a teoria científica, a energia só pode ser transferida quando há uma conexão ressonante. Deve haver manifestações de ressonância global para os seres humanos, bem como para as árvores e para outras espécies. Dentro dessas áreas iremos obviamente nos conectar mais fortemente com aquelas ressonâncias que refletem a humanidade, opondo-se àquelas que expressam as árvores ou diferentes características animais. Mas num nível específico, devido ao fato de nossos códigos genéticos conterem nossos padrões ancestrais, essas ressonâncias são as que terão, na teoria e na prática, os efeitos mais profundos sobre nós. A fórmula pode então ser ampliada do seguinte modo:

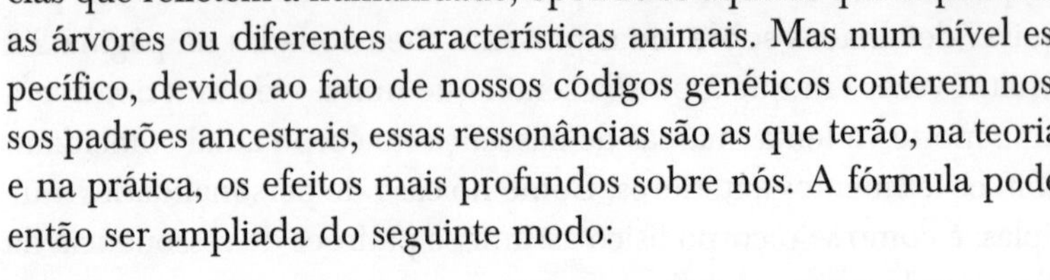

De acordo com esse quadro você é influenciado por três campos distintos do nível não-físico: seus ancestrais ou campos ancestrais; sua alma ou mente *quantum*; e os campos primários da humanidade, que Sheldrake chama de campos mórficos.

## VOZES ANCESTRAIS

Alguma vez você já participou daquela brincadeira em que dois grupos de pessoas tentam cantar duas músicas diferentes com a idéia de fazer com que o grupo oponente passe a cantar a sua música? Essa brincadeira exige um grande esforço e força de vontade para se concentrar no que se está cantando e, muitas vezes, apenas uma ou duas vozes fortes conseguem "puxar" rapidamente os outros para que cantem a outra canção. Tenho a certeza também de que deve ter havido ocasiões em que, na companhia de alguém com personalidade forte, você tenha sido influenciado, beneficamente ou não, pela ressonância da energia dessa pessoa. Do mesmo modo, as informações ou padrões ancestrais estão fluindo em você; cada ancestral pode estar cantando canções atraentes, que estarão persuadindo você a cantar junto. Parte da memória ou dos hábitos de seus ancestrais pode estar influenciando sua vida.

O modo pelo qual você controla essa informação é certamente muito particular e dependerá da mistura precisa de sua estrutura genética; os estudos sobre gêmeos (ver p. 79) comprovam isso. O excitante é que essas memórias não são imutáveis. Acredito firmemente que podemos fazer uso desse banco de dados do mesmo modo que podemos acessar um computador e alterar as informações contidas nele. Desse modo, podemos curar não só os padrões que nos são dados diretamente, mas também as informações para gerações futuras.

Neste capítulo tentei explicar os modos pelos quais os padrões ancestrais nos são transmitidos e procurei chamar a atenção, principalmente, para alguns dos problemas encontrados na teoria ortodoxa dos genes. Se usarmos a metáfora do rádio, existem dois tipos de problemas em potencial. Pode ser que o rádio esteja com defeito e, conseqüentemente, transmita sinais distorcidos. Nesse caso, o conserto do rádio (conserto ou modificação dos genes) trará benefícios. Por outro lado, os programas oferecidos pelas estações transmissoras podem estar danificados. Nesse caso, o isolamento de uma freqüência específica será importante, mas não mudará a raiz do problema. Isso só pode ser conseguido se procurarmos a causa do desequilíbrio. Evidentemente, é possível mudar o modo pelo qual os organismos respondem ao se modificar o código genético, assim como podemos alterar o rádio e receber freqüências diferentes para receber outros canais. Em termos médicos, a mudança de códigos pode trazer vantagens muito positivas quando se tenta curar certas doenças de origem genética, como por exemplo a hemofilia. Entretanto, segundo o dr. Samuel Hahnemann, o criador da homeopatia, se a causa de um determinado desequilíbrio for bloqueada em sua manifestação normal, surge o perigo de que ela se agrave e que surja de um modo mais sério numa geração futura. É por isso que minha abordagem preferida no que diz respeito a ancestrais está na tentativa de curar ou reequilibrar os padrões de família, em vez de tentar nos proteger deles.

Para algumas pessoas essa tarefa pode parecer muito grande ou impossível. Contudo, na prática, não é necessariamente difícil. Existem muitos modos pelos quais as influências podem ser modificadas ou melhoradas. Se essa tarefa parecer muito grande, há também medidas que podem ser tomadas com o objetivo de se quebrar a ligação com nossos padrões ancestrais – inibindo as mensagens enviadas a nós desse outro nível. Como isso pode ser feito será mostrado na Parte 2 deste livro.

*Capítulo 5*

# Como Elaborar uma Árvore Genealógica

Antes de iniciar a cura dos padrões familiares, é preciso fazer um esquema da família, que contenha tantas informações quanto for possível. Se não tiver nenhum conhecimento direto de sua herança familiar, ainda assim é importante estabelecer um quadro da família semelhante ao mostrado na página 98. De um modo geral, não é importante ter conhecimento de fatos sobre a vida de um avô ou uma avó em particular; de qualquer modo, a maior parte das pessoas no mundo ocidental tem poucas informações a respeito dos avós. Ainda assim é possível equilibrar os padrões de energia que fluem desses parentes para você. Contudo, coletar informações é divertido e freqüentemente traz à tona conhecimentos valiosos. Este capítulo examina os métodos práticos que podem ser utilizados para reconstituir as ramificações da árvore genealógica e explicar como conseguir alguns conhecimentos iniciais.

## COMO FAZER REGISTROS

É fascinante procurar informações sobre a família, pois você pode acabar descobrindo como as pessoas costumavam agir no passado. Reúna a maior quantidade de informações que puder, e tão detalhadas quanto possível, incluindo fotografias e qualquer outro tipo de informação concreta. Se você estiver trabalhando na sua árvore genealógica tendo em vista a perspectiva de cura, é uma boa idéia manter um livro de registros ou um diário em que você anote qualquer idéia que tiver. Dentro dessa mesma linha, é possível que surjam também sonhos significativos enquanto estiver trabalhando com os padrões ancestrais. Informações obtidas desse modo possibilitam a visão de padrões que estão agindo em você e de como as mudanças estão se manifestando. Seu mundo exterior é um reflexo de seu mundo interior. Quando sua dinâmica interior mudar, seu mundo exterior mudará também, e anotar qualquer acontecimento significativo vai lhe proporcionar uma idéia sobre o que está acontecendo em sua relação com os antepassados.

Lembre-se de que não há necessidade de registros completos, ou nem mesmo de qualquer informação, para que você possa trabalhar com os padrões de família. Além do mais, a cura de sua árvore genealógica pode ocorrer ao mesmo tempo que pesquisa a história de sua família.

## HISTÓRIA DE FAMÍLIA

Outros membros da família, algumas vezes primos distantes, constituem a fonte de informações mais importante sobre sua história. Essa pesquisa tem se tornado um passatempo cada vez mais popular, e me senti gratificado ao descobrir que alguns de meus parentes que eu ainda não conhecia também estavam fazendo silenciosamente suas próprias pesquisas. Procure reunir tanta informação quanto puder, principalmente fotografias e cartas antigas que transmitam uma idéia de como era a vida de seus ancestrais.

História de família é algo um pouco diferente de genealogia ou estudo de linhagem, que se preocupam mais com as relações de família e com a descendência. Para começar, não será preciso voltar muito além da geração de seus bisavós. Isso inclui seu pai e sua mãe, quatro avós e oito bisavós, totalizando catorze antepassados primários. Pode-se acrescentar a essa lista primos, tios ou tias, bem como seus filhos, que ajudem a dar uma visão mais completa dos padrões de família.

Se tiver sorte, pode ser que descubra que algum outro membro da família já pesquisou um pouco. Uma série de histórias de família tem sido escrita no correr dos anos, e é possível que algumas perguntas possam revelar muitas informações. Famílias que imigraram para outros países freqüentemente têm uma grande vontade de encontrar seus antepassados, e é possível que segmentos de sua árvore genealógica já tenham sido pesquisados. No meu próprio caso, a montagem da história de família foi completada por um parente na Austrália que rastreou sua ascendência até um ancestral comum da Grã-Bretanha, que viveu em meados do século XIX; quanto ao outro lado da minha árvore genealógica, descobri um livro contendo uma história de família da Alemanha.

Freqüentemente haverá necessidade de se entrar em contato com membros de sua família, sejam eles conhecidos ou não, para reunir tanta informação quanto possível. Algumas pessoas têm o hábito de guardar documentos e fotografias antigos, o que pode ser uma fonte valiosa de informação. Parentes mais velhos são fontes ricas de conhecimento; mesmo quando seus relatos não correspondem exatamente à realidade, lembranças dessas pessoas podem ser muito reveladoras.

Depois de esgotar todos os caminhos que você tem para obter informações, é preciso tomar decisões importantes. Você pode aceitar o que já descobriu, embora permaneçam lacunas ou, se quiser, iniciar uma pesquisa em registros oficiais. Para isso é preciso que se entre em contato com um genealogista profissional, que fará uma pesquisa nos arquivos em seu nome; isso custa dinheiro, mas pode oferecer muito mais informações. Outra alternativa é fazer as próprias investigações, o que pode ser divertido. Fazer pesquisas em registros oficiais toma tempo e requer paciência, e o primeiro passo pode ser unir-se a uma sociedade genealógica da sua região.

## Quadro Primário de Ancestrais

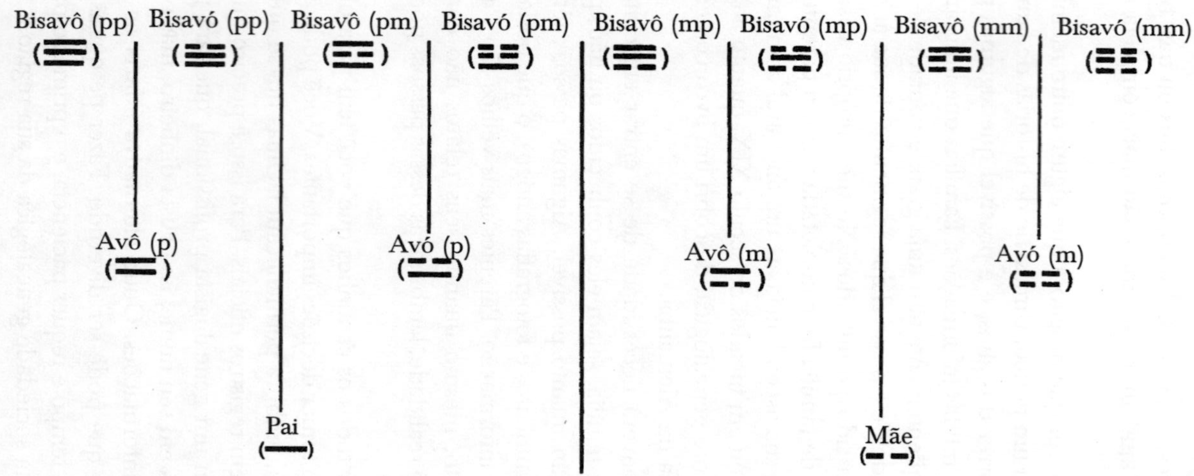


Monte um quadro semelhante numa folha grande de papel e preencha com todos os detalhes que puder, incluindo datas de nascimento, de morte, doenças, número de filhos e qualquer informação especial de que você tenha conhecimento. Deixe em branco o que não souber.

Entre parênteses as linhas referentes ao *I Ching*: —— = linha yang – – = linha yin

(p) = lado paterno (m) = lado materno.

Também é importante lembrar que uma informação nova pode surgir do modo inesperado, tornando o processo semelhante ao de uma história de detetive que não termina nunca. Muitas vezes pessoas relatam que, depois de desenvolver um trabalho de cura em sua árvore genealógica, foram procuradas por parentes com quem não mantinham contato havia muito tempo. Num caso em particular, no dia em que uma determinada pessoa estava fazendo um trabalho de cura ancestral, ela foi procurada por uma tia de quem jamais ouvira falar. O que transpareceu desse encontro foi que ambas tinham interesse pelas peças de teatro de Shakespeare e pela Inglaterra elisabetana. Um outro caso ocorreu com uma pessoa dois dias antes de ir a um de meus cursos, quando ela foi procurada por um primo que não encontrava havia vinte anos. Esses exemplos tendem a reforçar a noção de um emaranhado psíquico ou campo de energia que une os membros familiares num patamar não-físico.

## ARQUIVOS OFICIAIS

Geralmente os registros oficiais – certidões de nascimento, óbito e casamento, dados do censo, testamentos, etc. – são a fonte de informações que se deve procurar em seguida. Cada país tem seu próprio sistema, mas devido às perdas causadas pelos tempos de guerra, alguns países não têm esses registros. Na Inglaterra, os registros de nascimento, óbito e casamento são atualmente mantidos no General Register Office. Cópias de certificados podem ser obtidas por uma pequena taxa.

Uma outra fonte importante de informações é o International Genealogical Index (IGI) compilado pela Igreja Mórmons dos Santos dos Últimos Dias, mencionada anteriormente. Devido às suas crenças religiosas (ver p. 50), os mórmons têm copiado em microfilmes e computadores os registros de paróquias da Grã-Bretanha e o seu equivalente em outros países, e esses registros são mantidos em sua biblioteca central em Salt Lake City. Cópias são mantidas em bibliotecas locais e podem oferecer um bom ponto de partida para identificar registros de determinadas paróquias. Entretanto, eles registram somente os nascimentos, raramente mencionam os casamentos e jamais citam as mortes.

## GENOGRAMAS E TERAPIA DE FAMÍLIA

Uma vez montado o quadro de sua árvore genealógica e completado com todas as informações factuais que conseguir, convém incorporar alguns dos padrões familiares e relacionamentos emocionais marcantes. O modo normal de se fazer isso é por meio de um genograma, uma idéia desenvolvida no final da década de 70, devido à necessidade que os terapeutas de família tinham de registrar padrões familiares. No seu livro *Genograms in Family Assessment*, Monica McGoldrick e Randy Gerson afirmam:

> O conceito de "sistema" é usado para se referir a um grupo de pessoas que se relacionam mutuamente como um todo funcional. As pessoas não existem num vácuo, e tampouco seus problemas. Ambos estão interligados inextricavelmente a sistemas mais amplos de inter-relacionamento, sendo que o mais fundamental dentre eles é a família. A família é o sistema primário e, exceto em casos raros, o mais influente a que uma pessoa pertence. Nessa estrutura, a "família" consiste de uma rede completa de parentesco de pelo menos três gerações, considerando-se tanto como está no momento, como o quanto evoluiu no tempo. O funcionamento físico, social e emocional dos membros familiares é profundamente interdependente, sendo que mudanças numa parte do sistema refletem-se em outras. Além do mais, as inter-relações e relacionamentos familiares tendem a ser extremamente recíprocos, padronizados e repetitivos.

O diagrama da página 100 mostra o genograma da família Kennedy. Nele é possível ver uma série de símbolos especiais que indicam relacionamentos, o sexo dos diferentes membros da família, datas de nascimento e de morte e assim por diante. Uma lista completa desses símbolos é apresentada na página 97.

Estabelecer uma árvore genealógica desse modo ajuda a dar um enfoque inicial ao seu trabalho. À medida que progride o trabalho de cura de qualquer padrão, esses também podem ser anotados no seu quadro para oferecer uma referência para o futuro. Conheço casos em que pessoas perceberam intuitivamente algum aspecto de um relacionamento, talvez um sentimento de rivalidade entre duas pessoas, e tiveram essa impressão confirmada posteriormente por um outro membro da família.

## ANÁLISE DO QUADRO EXEMPLIFICATIVO

Se estiver sofrendo de um determinado problema e souber que pelo menos dois outros membros da família estão numa condição semelhante, então a origem do problema quase certamente encontra-se em sua árvore genealógica.

O quadro à página 98 oferece um exemplo de um genograma até a geração dos bisavós. Alguns padrões se sobressaem imediatamente, e aqueles que se relacionam diretamente à pessoa (mostrado como ME/ Millicent Emily) podem ser enumerados do seguinte modo:

1. *Depressão*: É o principal problema psicológico da cliente e tem sua origem no lado materno, envolvendo diretamente a mãe, o pai da mãe (o avô Harry) e o avô paterno da mãe (o bisavô Jack). Também manifestou-se numa prima (Harriet) e num sobrinho (Roger), com tendências suicidas. O problema inicial parecia originar-se no bisavô Jack, que era alcoólatra. Informações sobre a bisa-

vó Mary indicam que ela teve uma personalidade dominadora, o que pode ter contribuído para o alcoolismo do marido.

O avô Harry também casou-se com uma mulher dominadora, o que o levou a um caso extraconjugal e a um filho desconhecido. Naturalmente houve sentimentos de culpa e de raiva em seu relacionamento com a esposa, Emily. Embora Harry não fosse o filho mais velho de sua família, Jane, a mãe de minha cliente, era a filha mais velha de Harry. Filhos mais velhos freqüentemente carregam um grande senso de responsabilidade com relação à família. A mãe Jane era muito ligada ao pai, apesar de seu ressentimento e conflitos com o marido, Peter. Não se tem conhecimento a respeito de conflitos visíveis entre a mãe e a avó Emily, embora houvesse suspeitas a respeito.

2. *Nomes*: Nomes tendem a se repetir. A pessoa em questão casou-se e divorciou-se de um homem que tinha o mesmo nome de seu bisavô (Jack). Sua irmã Mary, com quem estava sempre em conflito, casou-se com um homem que tinha o mesmo nome do pai (Harry), embora o seu segundo nome fosse o de sua avó materna.

A repetição de nomes é um tema comum ao se rastrear padrões ancestrais, mesmo quando os membros da família não têm conhecimento de seus irmãos ou ancestrais. No caso recente do escritor Lord (Jeffrey) Archer, que descobriu que tinha um irmão, ele soube que esse irmão também se chamava Jeffrey e que havia dado o nome de Geoffrey ao seu filho mais velho. Sua irmã desconhecida, Wendy, também chamou o filho de Jeffrey, embora não soubesse da existência de seus dois meio-irmãos. Ela até usou a maneira pouco comum de grafar esse nome.

Padrões como esses indicam as áreas em que se pode começar o trabalho. Entretanto, minha experiência comprova que às vezes outros parentes aparentemente não tão importantes acabam por se destacar, quando se estabelece um contato intuitivo com a árvore genealógica, pelos métodos explicados neste livro.

## Códigos do Genograma

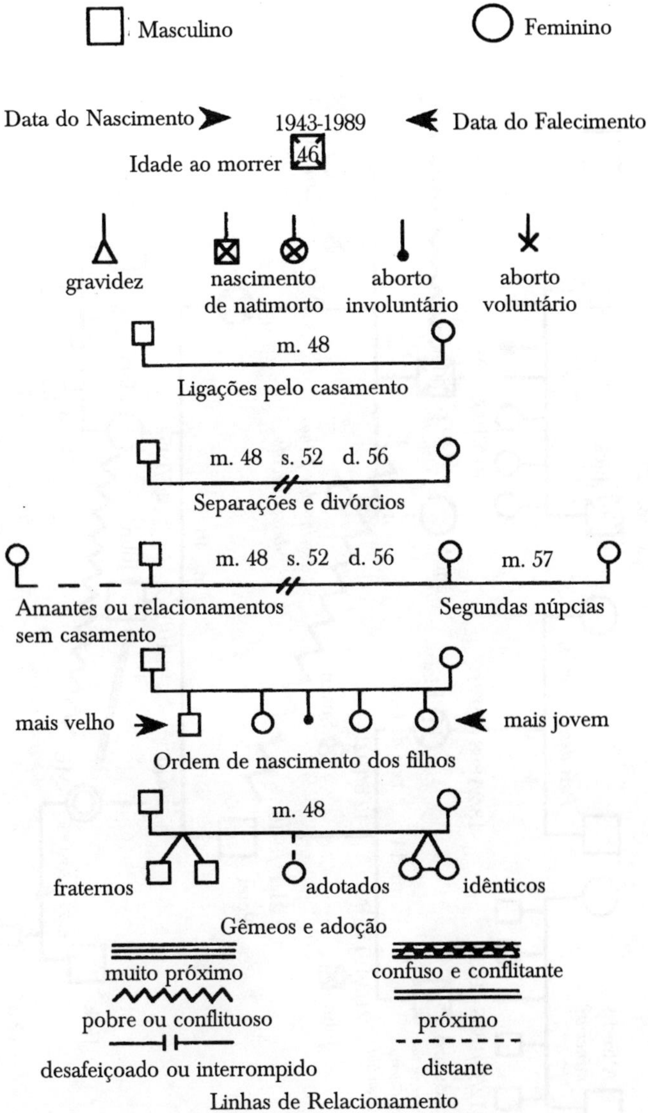

## Quadro Exemplificativo

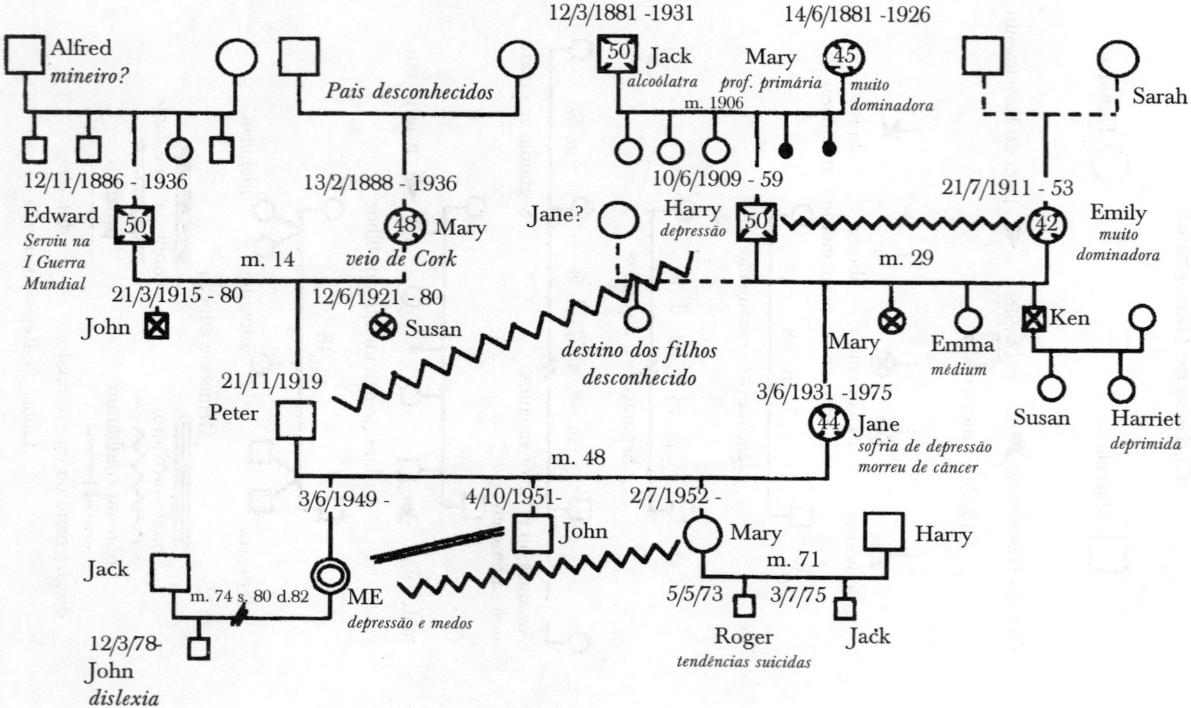

## A FAMÍLIA KENNEDY

O genograma da família Kennedy americana na página seguinte mostra muitos padrões traumáticos, como por exemplo um número extraordinário de mortes prematuras ou tragédias. Quatro dos nove filhos de Joseph e Rose, bem como a esposa de um e a noiva de outro, morreram antes de chegar à meia-idade. Rosemary, deficiente mental, sofreu uma lobotomia quando tinha cerca de 20 anos; Kathleen e o noivo morreram num acidente de avião logo depois de ela ter sido deserdada pela mãe. Ted também esteve envolvido num acidente de avião em que sofreu fraturas nas costas, sete meses depois do assassinato de Jack; e o incidente de Chappaquidick, em que Ted esteve envolvido com a morte por afogamento de uma jovem pesquisadora, aconteceu doze meses após o assassinato de Robert. Dos 29 netos, um morreu por *overdose* de drogas, um perdeu a perna devido a câncer, e pelo menos quatro foram presos sob acusação de porte de drogas e/ou estiveram hospitalizados com problemas relacionados a drogas. Há também um grau elevado de atividade sexual, sendo que muitas amantes foram abertamente insultadas por outros membros da família. Os romances tanto de Joseph quanto de Jack são do conhecimento de todos; e, mais recentemente, um outro neto de Kennedy esteve envolvido num caso de estupro.

## A FAMÍLIA JUNG

Muitos tipos diferentes de padronização, como por exemplo atividades profissionais e carreiras, podem ser encontrados numa árvore genealógica. O genograma da família Jung (p. 101) mostra uma ligação tanto com a Igreja quanto com a profissão médica. O pai do famoso psiquiatra, dois tios fraternos, todos os seis tios maternos foram sacerdotes, enquanto o avô paterno, em cuja homenagem ele recebeu seu nome, e o bisavô paterno foram médicos. Além disso, diversos membros da família acreditavam no sobrenatural: sua mãe, o avô materno e as primas maternas Emily e Helena Preis-

**A família Kennedy**

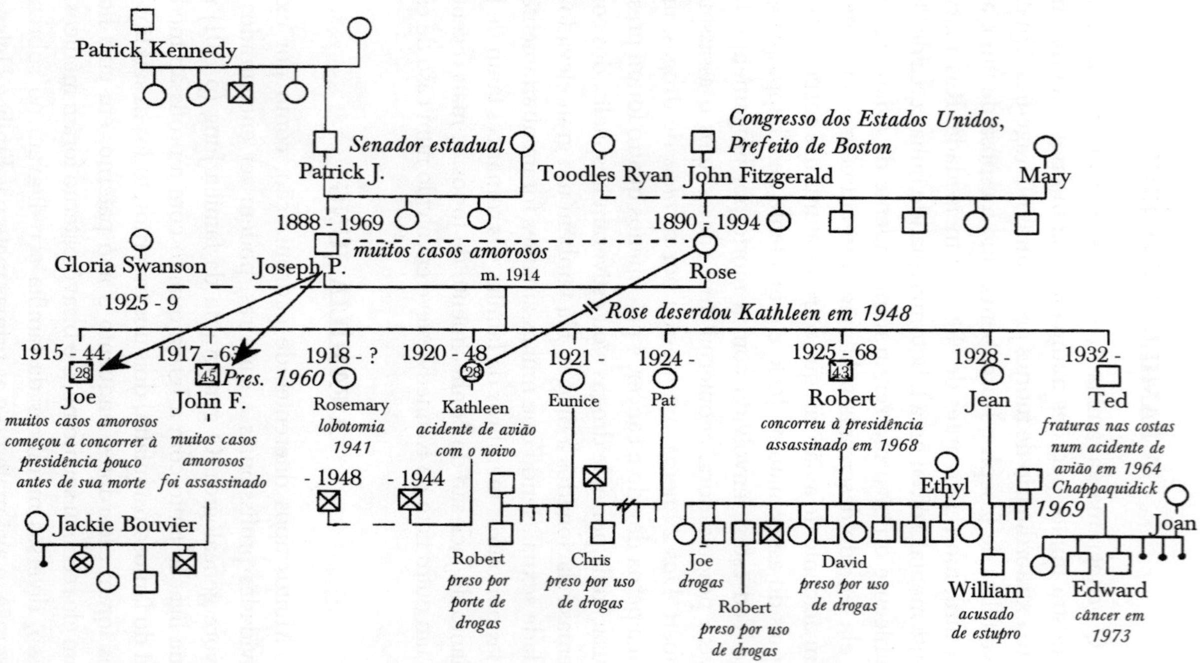

## A família Jung

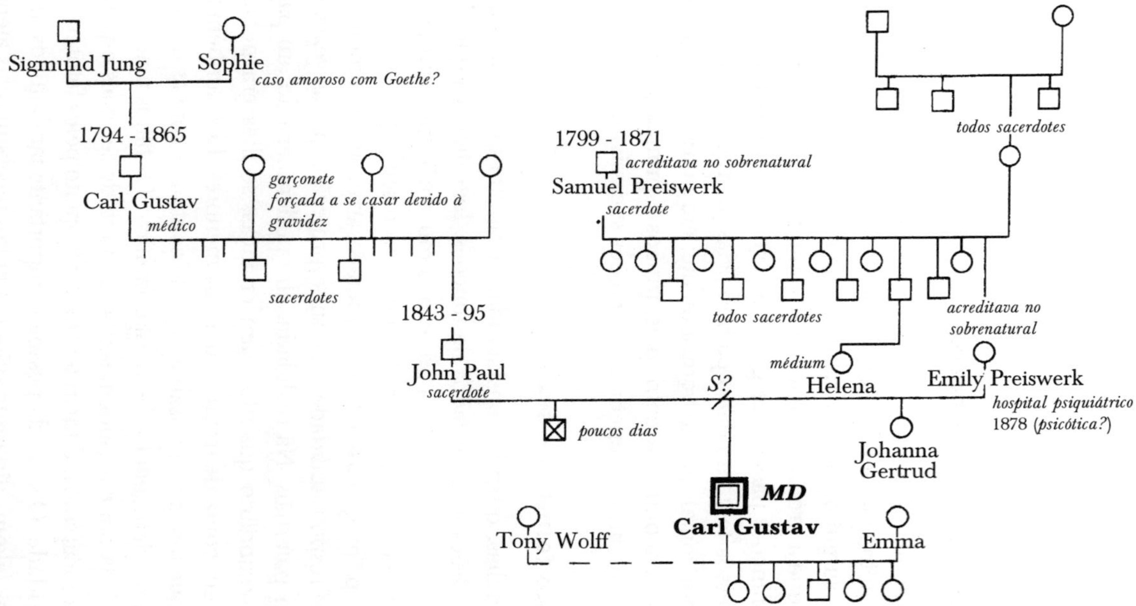

werk, que afirmavam ser médiuns. Jung participou de várias sessões espíritas em sua juventude.

## ASPECTOS EM QUE SE DEVE PRESTAR ATENÇÃO

### Padrões verticais e horizontais

Uma filha que tenha um relacionamento conflitante com a mãe pode muito bem verificar que, se tiver uma filha, dificuldades semelhantes surgirão. Se ela examinar sua árvore genealógica, pode verificar que a própria mãe teve o mesmo problema e assim por diante. Disfunções passam de geração a geração numa família até que uma pessoa tente mudar o padrão. Mas padrões familiares seguem tanto horizontal quanto verticalmente: em outras palavras, eles podem ser encontrados entre pais, irmãos e primos da mesma geração, bem como se repetir em gerações sucessivas.

### Posição familiar e sexo

Famílias, quando consideradas como um todo, também carregam padrões generalizados de funções. Isso significa que o seu lugar na família, seu sexo, a posição como irmão (primeiro, segundo, terceiro, etc.), irmãos e irmãs, tudo tem o seu papel.

Os primogênitos freqüentemente carregam sentimentos especiais de responsabilidade e de superproteção, que às vezes podem parecer paternais. Na realidade, eles podem ter tido um papel paterno secundário quando eram crianças, se lhes era pedido que tomassem conta de irmãos ou irmãs menores. Eles também podem sentir que têm a responsabilidade de continuar com as tradições de família ou de manter o bem-estar familiar. Os filhos mais novos, os "bebês" da família, podem se dar ao luxo de ser mais espontâneos e despreocupados. Podem ter menos respeito pelos fatores tradição e autoridade. O sexo da pessoa é importante também; os meninos, às vezes (alguns diriam freqüentemente), recebem mais atenção ou são vistos como membros mais importantes da família do que as meninas. Filhos únicos às vezes são superprotegidos ou sufocados de tal modo que isso dá origem a tensões interiores. Esses filhos podem ter dificuldade em "deixar o lar" e, mesmo depois de casados, sempre procuram a mãe ou o pai em busca de apoio ou de conselhos.

## Triângulos familiares

O padrão de relacionamento de uma família inicia-se com duas pessoas, a mãe e o pai. Mas todas as pesquisas mostram que esses relacionamentos são, por si mesmos, inerentemente instáveis. Um terceiro participante para a relação será buscado, geralmente um filho. Na realidade, em cada relacionamento familiar, uma série de triângulos podem ser criados, entre pais, filhos e avós. Às vezes, uma pessoa de fora, um amante ou um amigo íntimo platônico, proporcionará essa ligação. Os triângulos têm estabilidade até mesmo se algum aspecto estiver em conflito, enquanto a ligação entre duas pessoas é em si mesma muito menos estável.

## Os opostos

"Sem opostos não há progresso", disse o poeta, artista e visionário William Blake. Um outro padrão que tende a ser observado em qualquer árvore genealógica envolve os opostos. É um princípio fundamental da vida que diz que qualquer comportamento extremo num indivíduo é compensado pelo surgimento do comportamento oposto em outro membro da família. Como Jung salientou, o cosmos procura o todo – o que significa equilibrar os opostos dentro de qualquer sistema. Por exemplo, um membro da família pode ser um jogador inveterado, enquanto outro será muito prudente ou até mesmo avarento. Alcoolismo e abstinência são outras dualidades. A ovelha negra de uma família pode estar carregando em seus genes toda a malandragem da família que outros membros não têm. Se um comportamento extremo se apresentar em qualquer membro da família, sempre procure pela pessoa que manifesta o comportamento oposto; o santo da família e o pecador da família nada mais são do que os dois lados da mesma moeda. É por isso que a terapia de família se empenha em trabalhar com a família como um todo, em vez de considerá-la como uma série de indivíduos.

Um outro aspecto dos opostos requer o exame desses fatores que são extremamente enfatizados ou tidos como tabus. Os pais que censuram a homossexualidade podem estar simplesmente escondendo as próprias tendências homossexuais. Se eles não podem manifestar esses atributos em si próprios, um outro membro da família, um filho talvez, acabará por expressá-los.

## O QUADRO DA FAMÍLIA

O quadro da sua família deverá conter todas as informações que você conseguir obter. Pode ser útil classificar suas descobertas em seis tópicos como se segue:[1]

- estrutura familiar
- ciclos de vida que se encaixam
- padrões que se repetem por várias gerações
- acontecimentos e dinâmica familiar
- padrões de relacionamento e triângulos
- equilíbrio e desequilíbrio familiares

### Estrutura familiar

Nesse item se incluem membros da família, relacionamentos conhecidos, nascimentos, mortes, casamentos, divórcios, separações,

1. Tirado de *Genograms in Family Assessment*, de Monica McGoldrick e Randy Gerson.

segundas núpcias, pais solteiros, número de filhos, ocupações, irmãos por ordem de nascimento e sexo, doenças conhecidas, etc.

## Ciclos de vida coincidentes

Abrange a idade em que as pessoas deixaram a casa dos pais, quantos anos tinham quando se casaram, a idade que tinham quando o primeiro filho nasceu, doenças infantis, mortes prematuras, e assim por diante. Qualquer coisa que pareça fora do comum deve ser anotada.

## Padrões que se repetem por várias gerações

Requer o exame cuidadoso do quadro para verificar padrões que se repetem por várias gerações em termos de carreira, de relacionamentos, de estruturas familiares (doenças, alcoolismo), de acontecimentos coincidentes, tais como datas de nascimento e padrões astrológicos, transições de vida, traumas e assim por diante. A família de Jung, em que há uma grande incidência de sacerdotes, é um exemplo disso.

## Acontecimentos e dinâmica familiar

Trata-se de eventos que acontecem na família em épocas semelhantes: por exemplo, a morte de uma criança num ramo coincide com uma separação em outro. Na família Kennedy, Pat se separou do marido no dia do assassinato de Jack.

Vale a pena identificar ritmos específicos que ocorrem a intervalos regulares em sua própria vida e depois conferir com datas em que outros eventos ocorreram em sua árvore genealógica. Por exemplo, uma cliente verificou que ficava deprimida no mês de fevereiro; mais tarde ela descobriu que a depressão coincidia com o mês da morte do avô, a quem era muito ligada quando tinha cinco anos. Algum aspecto de sua dor não fora resolvido e emergia novamente em forma de depressão, a intervalos regulares.

### Padrões de relacionamento e triângulos

Muitas vezes esses padrões são difíceis de ser determinados, mas superficialmente poderiam ser descritos como:

- fácil, íntimo e harmonioso

ou

- difícil, distante e desarmonioso

O relacionamento triangular mais óbvio é entre os pais e um filho, mas ele também pode envolver outros membros da família, ligações sexuais ou relacionamentos platônicos. Conheço duas famílias em que um terceiro adulto, não-aparentado, convive no grupo familiar. Em formas distorcidas, isso pode levar a abuso sexual do pai com relação à filha ou ao domínio da mãe sobre o filho.

É importante fazer uma anotação quando perceber a existência de triângulos num grupo familiar, mesmo que não sejam tão óbvios. Não se deve esquecer de que o relacionamento triangular ideal entre pais e filhos oferece, quando funciona bem, a base mais forte e estável para a educação de uma criança.

### Equilíbrio e desequilíbrio familiar

Nessa última categoria, a família deve ser vista como um todo para que se possa perceber onde ocorrem os desequilíbrios e equilíbrios primários. Isso requer sensibilidade com relação aos vários padrões que surgiram em seu quadro. Um modo de se conseguir isso é fazer uma lista dos pontos fracos e fortes inerentes, observados nos membros conhecidos de sua família. Eles podem ser classificados do seguinte modo:

- carreira
- posses e dinheiro
- amor e relacionamentos familiares

- pontos fortes e fracos da personalidade
- acontecimentos felizes e infelizes
- acidentes e doenças
- segredos e medos

Procure semelhanças e também acontecimentos que representem os opostos. Por exemplo, pode haver um padrão de alcoolismo numa geração, seguido de abstinência na seguinte, seguido novamente de alcoolismo na terceira geração.

## A CONSCIENTIZAÇÃO DOS PADRÕES

Uma das conclusões mais importantes a que os terapeutas de família chegaram é a de que o simples fato de tomar conhecimento dos padrões que fluem em nossa árvore genealógica já é o primeiro passo para mudá-los. É como se o próprio ato de conscientizar-se ajudasse a liberar energias reprimidas.

O conceito de que a tomada de consciência com relação a algo imediatamente muda a sua dinâmica é atualmente uma parte aceita da física quântica. Sabe-se, por exemplo, que a luz pode ser entendida como uma partícula ou como uma onda, sendo que cada uma exibe diferentes comportamentos, dependendo do modo pelo qual é observada. A queda brutal no número de mortes por tuberculose nos últimos cem anos tem sido atribuída em parte a uma compreensão da verdadeira causa da doença. Em vez de ser uma força misteriosa que atinge certas pessoas, ela começou a ser compreendida em termos médicos e, conseqüentemente, deixou de ser tão assustadora.

O ato de examinar os próprios padrões o ajudará a se concentrar nas áreas de sua árvore genealógica que precisam de mais atenção, dando-lhe condições de reduzir a força da energia que provém deles. Assim, tanto o trabalho de pesquisa factual quanto as ligações intuitivas interiores têm um papel muito importante na reconfiguração dos padrões ancestrais.

## COMO MUDAR OS PADRÕES

Reconhecer que é possível mudar padrões transmitidos de geração em geração, por intermédio da árvore genealógica, é um conceito relativamente novo. Apenas nos últimos vinte anos ficou conhecida a idéia de que certos tipos de comportamento podem ser herdados de gerações anteriores. Estudos sobre criminalidade, por exemplo, mostram que essa tendência tem base genética. Em 1995, um caso importante foi levado perante a Corte de Apelação de Atlanta, Geórgia: um assassino condenado alegou circunstâncias atenuantes, pois era descendente de quatro gerações de indivíduos muito violentos. Aparentemente, ele leva desvantagem genética, além do péssimo ambiente familiar em que cresceu. Se essa apelação for aceita, ela abrirá a porta para muitas pessoas que afirmam estar agindo de acordo com sua disposição genética e, portanto, não podem ser totalmente responsáveis por seus atos. É uma idéia que desafia seriamente a base do atual sistema de justiça criminal. Evidentemente, a educação dada pelos pais não é a única resposta para o padrão de sua vida; sua herança genética também tem um papel importante.

Depois de reconhecidos esses padrões transmitidos de geração em geração, os terapeutas de família afirmam que o modo primário pelo qual eles são transmitidos é por intermédio do comportamento inconsciente nos relacionamentos familiares, Acredita-se, por exemplo, que um pai problemático influenciará inconscientemente seus filhos por meio de mensagens pouco claras. Contudo, os estudos sobre gêmeos (ver p. 79) mostram que, mesmo quando separados, ocorrem entre eles interligações inacreditáveis. Parece haver somente dois modos pelos quais isso possa ser explicado. Existe uma forte ligação sobrenatural/telepática que atua no nível inconsciente (muitos dos gêmeos separados desconheciam a existência do outro) ou o código contido no DNA é de uma ordem muito superior ao que se imaginava anteriormente: uma exatidão de tal ordem que determina, por exemplo, em que dia você sofrerá um acidente ou se casará. Esse é um pensamento de certo modo assustador. Suspeito que a maioria das pessoas se sentiria mais à vontade com a primeira hipótese. E mesmo que a segunda fosse a verdadeira, não surtiria efeito o tempo todo, como atestam os estudos sobre gêmeos.

Se considerarmos nossa formação genética como uma estação receptora, que recebe sinais de algum outro nível exterior e depois retransmite essa informação para o corpo, encontramos então uma maneira de solucionar o mistério. Esse conceito permite o acréscimo do fator livre-arbítrio, cujo papel seria determinar o modo pelo qual recebemos essas transmissões. Não temos de ser controlados pelas influências sutis de nossos antepassados ou por fitas gravadas de nossas experiências de infância. Nossa conscientização pode superar esses padrões se assim quisermos. Aqui reside a possibilidade de curas milagrosas, a remissão espontânea de doenças como o câncer, que podem ocorrer, e ocorrem, de modos anômalos. No entanto, não convém ignorar padrões discordantes que estejam nos influenciando.

# PARTE 2

# A Cura da Árvore Genealógica

*Capítulo 6*

# Como Enfrentar o Passado

Existem muitos métodos que podem ser usados para eliminar padrões conflitantes na árvore genealógica. Antes de começar, lembre-se de que, independentemente da época em que esses padrões se estabeleceram em sua ascendência, eles ainda estão ativos em sua psique. Não importa que algo tenha acontecido cem anos atrás – a dinâmica desse fato ainda está presente hoje. O que importa é que seu subconsciente está atento para o fato de que esses padrões o estão afetando diretamente e, por isso, é possível ter acesso a eles para descobri-los e mudar esses modelos.

Para que isso se torne mais real, sempre que estiver trabalhando com sua família de ancestrais, procure sentir a presença deles aqui e agora. Imagine por um momento que vocês estão sentados numa sala, conversando e compartilhando suas experiências. Para algumas pessoas, isso pode ser um pensamento perturbador, enquanto outros podem gostar da idéia de conversar com a avó ou com os bisavós. Não importa como tenha sido difícil a dinâmica de sua família, você não precisa ter receio de se empenhar para melhorar seus padrões. Você tem o poder de mudar qualquer coisa que esteja causando algum distúrbio. Além do mais, qualquer trabalho mais profundo pode ser desenvolvido com a ajuda de um terapeuta experiente, se você quiser.

## MÉTODOS DE CURA

Esses métodos compreendem quatro sistemas principais, que podem ser classificados como:

- reconhecimento dos padrões ancestrais
- diálogos interiores
- rituais
- curas energéticas

Os métodos que se utilizam de rituais e da cura energética serão tratados no Capítulo 8. Neste capítulo, serão apresentados apenas outros meios usados para se identificar os padrões que fazem parte da árvore genealógica e para aplicar os diálogos interiores.

## COMO INVESTIGAR PADRÕES OCULTOS

A descoberta da rede de energias que fluem em sua vida é uma parte importante de sua viagem interior de autodescoberta e cura. Como já mencionado anteriormente, a simples conscientização de um padrão em geral é suficiente para eliminar alguns bloqueios. É também importante lembrar que você não pode mudar aquilo de que não tem consciência; assim sendo, entender os padrões primários da sua árvore genealógica é o primeiro passo básico. Também pode acontecer de você identificar um padrão interior que suspeite ter origem em sua árvore genealógica, embora não saiba por onde procurar. Esse assunto será examinado a fundo no Capítulo 7. A pesquisa da história da sua família, por intermédio de parentes conhecidos, já foi discutida. Entretanto, também é provável que haja falhas em sua árvore genealógica – parentes sobre os quais você não sabe nada ou dos quais pode extrair pouca informação. Existem dois modos principais de superar esse problema:

- comunicação externa simbólica
- comunicação intuitiva interior

## COMUNICAÇÃO EXTERNA SIMBÓLICA

Essa forma de comunicação ocorre por meio de um símbolo ou de um padrão externo que você observa ou cria, e posteriormente interpreta com base na intuição, para chegar a seu significado completo. As cartas de Tarô são um exemplo: você pode selecionar uma série de cartas ou fazer uma leitura para cada um dos seus ancestrais. Métodos divinatórios, tais como o *I Ching*, runas, numerologia, uso do pêndulo e muitos sistemas diferentes de leitura de cartas podem ser adotados como parte dessa abordagem. Esse método pode ser compreendido à luz do que Carl Jung chamou de "coincidência significativa".

### Cartas medicinais

Para citar um exemplo, uma de minhas alunas, uma diretora de cinema, usou cartas medicinais dos índios americanos como chave para compreender o papel de seus ancestrais, uma vez que não conhecia a maior parte deles. Essas cartas trazem símbolos de animais, tais como o urso, o búfalo, etc., e cada um deles tem um significado especial. Ela selecionou sete cartas ao acaso para representar cada um de seus catorze ancestrais e depois examinou as mensagens dessas cartas com relação a si mesma. Ela fez isso durante um período de catorze dias, selecionando um ancestral por dia durante sua meditação matinal. Ao refletir sobre as cartas para tentar entender a dinâmica da energia que o ancestral representava com relação a ela mesma, essa moça obteve um sentimento real de ligação com suas raízes familiares. Algumas dessas cartas indicaram relacionamentos harmoniosos, outras apontaram padrões conflitantes. Quando esses últimos apareciam, ela, conscientemente, tentava equilibrar essas energias dentro dela. Ela também relatou que acontecimentos diários freqüentemente espelhavam e enfatizavam o padrão em que estava trabalhando. Ela achou toda a experiência muito enriquecedora e esclarecedora.

Ao completar a ligação com seus catorze ancestrais, uma coisa a surpreendeu quando examinou as cartas que havia selecionado a cada dia: foi a repetição e o agrupamento de cartas específicas. Elas pareciam retratar padrões que haviam sido transmitidos de geração em geração e que, muitas vezes, chamavam a atenção para seus próprios pontos fortes e fracos. Desde o início do trabalho, ela tem sentido uma mudança real tanto em seu mundo interior quanto exterior. Alguns padrões tornaram-se completamente visíveis e a dinâmica de outros mudou. O fato mais significativo é que agora ela se sente mais tranqüila e capaz de enfrentar os desafios de sua profissão.

### Outros métodos

Para desenvolver o uso da comunicação simbólica, é preciso usar um dos sistemas tradicionais de adivinhação. Como foi indicado na lista apresentada anteriormente, existem muitas opções nesse sentido. É importante que você se sinta à vontade com o sistema escolhido; por isso convém passar algum tempo familiarizando-se com os benefícios que pode obter de cada um deles. Num outro exemplo mencionado no Capítulo 9, tirado do meu próprio trabalho com minha árvore genealógica, são utilizados vários sistemas divinatórios diferentes. Informações complementares sobre esse assunto podem ser obtidas no meu livro *Develop Your Intuition and Psychic Powers*.

## COMUNICAÇÃO INTUITIVA INTERIOR

Essa forma de comunicação, que ocorre no subconsciente, o ajuda a tomar conhecimento das diferentes dinâmicas ou tipos de energia que são passados de geração em geração, em sua árvore genealógica. A palavra "comunicação" é usada aqui em seu sentido mais amplo, significando troca de informações, e não simplesmente diálogos. Existem quatro níveis de comunicação: cinestésica, sentimental, auditiva e visual. Para realizá-la basta aplicar técnicas simples de relaxamento, além de fazer um trabalho de conscientização interior que, de certo modo, é semelhante à meditação.

Para que se possa avaliar como essa forma de troca de informações pode ser utilizada, é necessário primeiramente entender os modos pelos quais percebemos mentalmente essas energias ancestrais. A energia é transferida quando dois aspectos estão em conexão ressonante. Esse é um princípio universal que se aplica a todas as coisas. Os pólos gêmeos de seu ser são o corpo físico, numa extremidade do espectro, e o eu espiritual ou interior, no outro. A energia flui em você continuamente entre essas duas polaridades. Quando se faz contato com outra pessoa, essas partes que se refletem nesse outro ser abrirão uma porta pela qual a energia poderá circular entre vocês. A mesma coisa acontece quando nos ligamos com nossos ancestrais. Os aspectos dos antepassados que se refletem em você, ou que você considera importantes, serão realçados quando você se ligar a seus antepassados.

Examinemos agora os quatro tipos de comunicação mencionados anteriormente. Você descobrirá que alguns ocorrem mais facilmente, ou respondem melhor do que outros. É por isso que todos os quatro são importantes pois, se um método não funcionar de imediato, haverá sempre um outro para ser usado. Pessoas intuitivas geralmente acharão esse sistema fácil, enquanto outras podem considerá-lo difícil. Se você se encaixar nessa última categoria, persista, pois será recompensado.

## Comunicação cinestésica

Essa comunicação produz sensações físicas de calor, de frio, de formigamento, etc, em diferentes partes do corpo. Por exemplo, um cliente costumava sentir uma sensação de ardor na parte de trás do pescoço todas as vezes em que pensava num lado da sua árvore genealógica.

## Comunicação por meio do sentimento

Esse aspecto produz emoções como raiva ou tristeza quando uma ligação é feita. Um cliente, ao se ligar a um antepassado irlandês que havia vivido no século XIX, conscientizava-se de um incrível sentimento de perda que seu antepassado tivera quando seus filhos tiveram de deixar o lar para procurar emprego em outro país.

## Comunicação auditiva

Essa comunicação se realiza por meio de nossos diálogos interiores. É como se o antepassado estivesse transmitindo informações verbais específicas. Uma versão alternativa é a escrita espontânea ou automática. Esses dois métodos serão explicados detalhadamente mais adiante, neste capítulo.

## Comunicação visual

É o que transmite informações por meio de imagens visuais. Os sonhos são um exemplo desse tipo de comunicação, mas qualquer imagem interior simbólica pode ter um significado.

Por meio dos sistemas de informações citados anteriormente, é possível desenvolver uma conscientização interior do modo pelo qual se está sentindo a energia proveniente dos ancestrais. Isso pode ser demonstrado pelo seguinte exercício. Selecione um de seus catorze antepassados: sugiro que você escolha um de seus bisavós, principalmente um sobre o qual não sabe nada. Isso significa que sua mente racional não poderá interferir facilmente com o que você está captando.

Todos esses exercícios são muito eficazes. Não recomendo que você pratique mais de um por dia. Eu, particularmente, os fiz num período de vários meses.

Exercício de comunicação intuitiva interior

*Aproximadamente 15 minutos*

**Objetivo**: *conhecer as dinâmicas de um dos ancestrais*

- Sente-se numa posição confortável, de preferência com as costas retas. Feche os olhos e, por alguns momentos, relaxe o corpo, principalmente os ombros. Em seguida, concentre-se na respiração, até que ela fique mais calma e cadenciada.
- Imagine ou sinta que em algum lugar dentro de você existe uma pequena chama que representa seu eu espiritual. Depois de localizá-la, sinta-se ligado a ela. Isso assegurará a ligação com todos os aspectos de sua psique.
- Pense num ancestral específico com o qual queira se ligar. Onde ele se encaixa no seu quadro de família?
- Tome consciência das sensações do seu corpo físico enquanto se liga ao ancestral. Você se sente bem ou mal? Está consciente de qualquer sensação específica – formigamento, calor ou frio – em seu corpo? Sente alguma dor ou incômodo em alguma parte do corpo? Nesse caso, isso corresponde a qualquer doença que o esteja acometendo ou pela qual já tenha passado?
- Tome consciência de seus sentimentos. Que emoções você tem quando pensa nesse ancestral? Procure tomar consciência de pelo menos três emoções diferentes.
- Imagine que esse ancestral está sentado ao seu lado. Ele está do seu lado direito ou esquerdo? Em seguida, peça-lhe que

lhe conte três coisas sobre si que sejam relevantes para você. Você então escutará uma voz interior ou pode simplesmente imaginar o que ele está dizendo.

- Procure visualizar ou imaginar como ele está vestido, sentado ao seu lado. Que tipo de pessoa ele é? Depois, imagine que seu parente é um animal (mamífero, pássaro, criatura do mar ou inseto). Capte a primeira imagem que vier à sua cabeça, mesmo que ela lhe pareça desagradável. Por exemplo, se a primeira imagem ou pensamento for uma cobra, o que o amedronta, tente assim mesmo fixar essa imagem, em vez de mudá-la. Em seguida, visualize esse animal numa cena imaginária. O que ele está fazendo? Parece estar satisfeito ou agitado? Como ele se relaciona com você?
- Em seguida, agradeça ao ancestral que está sentado ao seu lado e veja-o partir. Depois, vagarosamente volte ao estado de alerta e abra os olhos.
- Num pedaço de papel, escreva ou desenhe tudo pelo que passou quando se ligou ao ancestral. Pense no simbolismo do animal. O que ele significa para você? Você gosta desse animal ou tem aversão por ele? Ou, pelo contrário, é indiferente a ele? Que outras revelações esse simbolismo lhe apresenta?

Você pode preferir fazer esse exercício por etapas, ligando-se primeiro à sua experiência cinestésica, voltando em seguida ao estado de alerta total e anotando o que percebeu, antes de passar para a etapa seguinte. Se adotar essa abordagem, assegure-se de que se ligou novamente à sua luz interior antes de prosseguir.

Quando tiver completado esse exercício, sente-se e reflita sobre o que sentiu e compreendeu por intermédio de seu ancestral.

## DIÁLOGOS INTERIORES

Esse exercício representa uma expansão do nível auditivo a que você chegou no exercício de comunicação interior. Você pode fazêlo dialogando diretamente com um ancestral ou usando a escrita espontânea ou automática.

A comunicação verbal é um aspecto muito importante das relações humanas – é como transmitimos, basicamente, nossas idéias. Mas embora pareça surpreendente, a comunicação não-verbal, por gestos, por exemplo, também é muito importante. Podemos conseguir, no entanto, muito mais informações se conseguirmos aprender a dialogar interiormente com nossos ancestrais. Estabeleça uma conversação direta com seus ancestrais para avaliar as diferentes formas pelas quais a vida deles pode afetar você. Existe a possibilidade de que eles contem a você por que fizeram determinadas coisas que podem ter causado problemas para eles mesmos, bem como para outras pessoas. Por exemplo, num desses diálogos interiores, meu avô admitiu que havia se casado com minha avó porque pensava que esse casamento lhe traria respeitabilidade e estabilidade na vida, e não por tê-la realmente amado. O casamento havia sido muito difícil para ambos.

Para desenvolver seus diálogos interiores, use o método empregado no Exercício de Comunicação Intuitiva Interior, à página 119.

### Escrita automática ou espontânea

A escrita automática é uma extensão dos diálogos interiores, com a diferença de que você escreve algumas perguntas numa folha de papel, à caneta ou à lápis e, depois, usando a imaginação, escreve a resposta. Por exemplo, se você escreveu a pergunta "Que tipo de relacionamento tinham meus avós maternos?", em seguida deve deixar que a caneta ou o lápis escreva livremente uma resposta, imaginando que ela esteja sendo ditada pelo ancestral ou por alguém que conhecia muito bem a situação. Você pode obter uma resposta do tipo: "Eles se amavam muito, mas tinham dificuldade para expressar os sentimentos." Para um tipo de pergunta genérica como essa, existe uma infinidade de respostas possíveis. O truque está em não deixar a mente consciente interferir pensando na resposta, mas escrever o que vier à cabeça, mesmo que lhe pareça algo esquisito.

À primeira vista, isso é um pouco estranho, mas é um método utilizado para transcender a mente consciente e ter acesso direto ao subconsciente, que contém as respostas. Com a prática, a escrita assume vida própria, daí o termo automática, pois você estará expressando as impressões de seu subconsciente. Antes de fazer qualquer escrita espontânea ou automática, é aconselhável fazer o exercício preliminar de relaxamento e ligar-se à sua luz interior. Uma vez iniciado o processo, você poderá receber respostas surpreendentes a algumas das perguntas que fizer.

Deve-se tomar a seguinte precaução antes de usar esse método. Ele funciona extremamente bem quando o objetivo é fazer perguntas não relacionadas diretamente a você, pois nesse caso o ego não interferirá. Entretanto, para perguntas de ordem particular, que dizem respeito a seus relacionamentos afetivos, as respostas podem vir distorcidas pela vontade do ego. Por exemplo, se fizer uma pergunta do tipo: "Será que vou começar um relacionamento com Tom?", você será extremamente influenciada por aquilo que quer que aconteça, e suas respostas tenderão a retratar o que você quer ouvir. Sei que problemas semelhantes emergem quando as pessoas usam esse método para entrar em contato com suas "vidas passadas". Trate sempre com muita suspeita ligações com figuras históricas muito conhecidas, pois elas são armadilhas para o seu "ego".

Os métodos para se lidar com esse problema são tratados em meu livro *Develop Your Intuition and Psychic Powers*. De qualquer maneira, use seu bom senso para avaliar as respostas recebidas. Se elas não fizerem sentido, pense mais sobre elas, pedindo mais clareza à sua mente intuitiva. Entretanto, certifique-se de que a avaliação seja feita depois do recebimento de toda a mensagem e não no meio do processo, pois as respostas não fazem sentido de imediato.

Elas às vezes podem parecer uma pintura de arte moderna, que requer tempo para ser avaliada, bem como para se determinar a importância que ela tem.

## OS SEGREDOS OCULTOS DA SUA FAMÍLIA

Em seu excelente livro *Family Secrets,* o autor John Bradshaw, uma importante figura internacional no movimento de auto-ajuda e de cura pessoal, salienta os efeitos venenosos dos segredos obscuros que são mantidos em nossos padrões familiares. O livro fala sobre os diferentes modos pelos quais nossos pais inconscientemente projetam em nós seus assuntos não-resolvidos. Esses assuntos passam por todo o espectro da emoção humana, mas geralmente giram em torno de sentimentos difíceis como a luxúria, o ódio, a raiva e o ciúme. A tendência, na maior parte da sociedade ocidental, durante muitas gerações, foi reprimir os aspectos da natureza emocional humana que não são aceitos. O que for reprimido ou rejeitado será inevitavelmente projetado nos outros, que por sua vez vão transmiti-los para nós. Mais cedo ou mais tarde, devido à lei da polaridade, seremos completamente subjugados pela mesma emoção que insistimos em negar. Membros da família assumirão e expressarão esses aspectos não-resolvidos, tornando-se, às vezes, a ovelha negra da família.

Para que aquilo que nos for transmitido pela família faça sentido, serão transcritas as quatro categorias da lista que John Bradshaw considera como sendo segredos obscuros tóxicos. Os segredos de primeiro grau são os mais destrutivos, mas até mesmo os de quarto grau podem causar prejuízos.

### Primeiro grau — segredos mortais (letais)

- Sempre existe uma vítima
- Infringem os direitos dos outros à vida, à liberdade, à dignidade do eu e à propriedade pessoal
- Geralmente são contra a lei

### *Atividade criminal*

Assassinato
Mutilações/tortura
Ateamento de fogo
Terrorismo
Seqüestro
Agressão/Ataque
Assalto
Estelionato
Culto satânico
Violência racial
Espancamento de homossexuais
Tráfico de drogas
Caçada
Arrombamento/roubo
Furto em loja
Jogos ilegais

### *Crimes de cunho sexual*

Estupro (incluindo estuprar a esposa ou a namorada)
Incesto/molestação
Tortura sexual/sexo sadomasoquista
Prostituição/pornografia infantil
Abuso sexual

### *Formas de abuso*

Emocional
Psicológico
Espiritual
Suicídio

**Segundo grau — segredos perigosos (desmoralizantes)**

- Infringem o próprio senso de identidade pessoal
- Trazem conseqüências desastrosas para a vida particular e para os outros
- Podem levar a violações da lei

***Abuso de substâncias tóxicas***

Alcoolismo
Abuso de drogas

***Distúrbios alimentares***

Anorexia
Bulimia
Compulsão para comer até chegar ao vômito

***Atividades que viciam***

Promiscuidade sexual
Infidelidade crônica
Troca de casais
Masturbação compulsiva com pornografia
Voyeurismo
Exibicionismo
Compulsão por casos amorosos
Compulsão por trabalho
Compulsão pelo jogo

***Questões relacionadas ao nascimento e à identidade***

Adoção
Questões de paternidade
Irmãos desaparecidos

## Terceiro grau – segredos prejudiciais

- Desrespeitam a liberdade de uma ou mais pessoas
- Infringem limites
- Envolvem desonestidade consciente ou inconsciente
- Prejudicam a reputação dos outros
- Acabam com o respeito mútuo na família
- Geram desconfiança
- Impedem comunicação

### *Problemas familiares*

Triângulos amorosos
Regras familiares dissimuladas
Ligação afetiva ao longo de gerações
Compulsão para proteger os pais
Papéis familiares rígidos
Ser bode expiatório/ser considerado um problema para a família

### *Segredos conjugais*

Raiva e ressentimento dissimulados
Infidelidade sexual
Casamento devido à gravidez
Desemprego (quando escondido da esposa)

### *Segredos que causam sofrimento*

Doença emocional
Doença mental
Defeito físico
Negação da morte e da doença
Depressão clínica

### *Segredos intelectuais/espirituais*

Homofobia
Preconceito racial
Intolerância religiosa
Fanatismo

## Quarto grau — segredos angustiantes

- Prejudicam principalmente a própria pessoa
- Mantêm segredos que exaurem a energia e acabam com a espontaneidade

### *Vergonha tóxica*

Medo
Culpa
Ansiedade
Depressão

### *Vergonha contextual/cultural*

Aparência/corpo
Situação socioeconômica
Nível educacional
Inaptidão social
Vergonha da própria raça
Crise espiritual/religiosa

Essas listas não são completas, pois têm como objetivo dar uma idéia dos tipos de problema que podem estar afetando os padrões familiares. Você pode, se quiser descobrir quais dos seus parentes apresentam esses problemas ou parecem tê-los, observando em que categoria eles se encaixam.

Você provavelmente verificará que a maioria dos problemas da sua família ancestral faz parte das categorias três e quatro. Entretanto, é muito provável que encontre pelo menos um filho ilegítimo (existem dois casos conhecidos na minha árvore genealógica) e alguma evidência de que alguns membros familiares expressam aspectos da categoria do segundo grau e, possivelmente, do primeiro. Ter uma idéia do que pode ser encontrado ajudará você, quando chegar o momento de determinar a dinâmica da sua família.

Depois de apresentados os diferentes métodos que podem ajudálo a conhecer seus padrões familiares, e também o que se pode esperar deles, tratarei no Capítulo 7 das técnicas usadas para colocar uma certa ordem no trabalho com os ancestrais, de acordo com suas prioridades.

*Capítulo 7*

# Como Selecionar os Ancestrais

Antes de tratar dos métodos mais diretos de cura ancestral, é preciso estabelecer uma ordem de prioridade ao trabalho, tratando de um antepassado por vez. Você pode seguir uma seqüência lógica, tal como começar pelos seus pais e continuar o trabalho, analisando as gerações anteriores a eles. Ou pode se sentir mais à vontade trabalhando primeiro com os ancestrais de quem se lembra ou com aqueles de quem tem fotografias. Entretanto, de acordo com a minha experiência, a seqüência lógica raramente é a primeira opção quando se consulta a sabedoria superior, por meio da mente subconsciente. Fazendo um retrospecto, muitas pessoas freqüentemente se surpreendem ao perceber o quanto uma determinada seqüência foi adequada quando deixaram que a intuição determinasse a ordem do trabalho.

Assim sendo, existem duas abordagens básicas que podem ser adotadas em todos os aspectos da cura ancestral:

- factual/lógica
- intuitiva

Ambas as abordagens têm o seu papel na cura ancestral. Dentro da categoria factual, encontram-se a pesquisa em arquivos oficiais e a obtenção de informações por intermédio de membros da família. Lembre-se de que histórias contadas por parentes podem não ser factualmente corretas; no entanto, essas histórias ajudam a vir às claras as impressões dos membros da família com relação ao que aconteceu. Quando não é possível obter informações com esses métodos, a abordagem intuitiva é a única opção. É possível lançar mão dos métodos intuitivos primeiro e depois verificá-los, usando técnicas normais de pesquisa. Uma série de alunos meus tem tido uma visão intuitiva que é posteriormente confirmada por acontecimentos subseqüentes.

## PADRÕES CONHECIDOS

Em alguns casos, é possível que você conheça um determinado aspecto de sua vida que parece ter origem ancestral. Pode se tratar de um padrão de comportamento ou de uma doença que tem um fator genético. É preciso procurar essa informação em sua família, para que você consiga entender em que ponto o problema se originou, e resolver a questão.

Em seu livro *Healing the Family Tree,* o dr. Kenneth McAll conta o caso de uma senhora que veio procurá-lo consumida pelo desejo de arrancar os olhos dos filhos. Nada do que se lembrava de sua vida presente parecia explicar essa compulsão, mas ao examinar sua história de família descobriu-se que um de seus ancestrais fora dono de um castelo em cujo calabouço havia uma sala de tortura com instrumentos para arrancar olhos. Suspeitando que essa poderia ser a raiz do problema, o dr. McAll organizou uma cerimônia eucarística de perdão que deveria ser realizada na presença da paciente. Logo depois dessa cerimônia, a mulher deixou de ter a compulsão, mas algo mais impressionante aconteceu. A paciente tinha uma tia que sofria de esquizofrenia e estava internada num hospital psiquiátrico. No momento em que a cerimônia foi realizada, o problema mental dessa tia desapareceu e ela ficou completamente curada. Essa tia não havia sido considerada como parte do processo de cura, contudo, aparentemente, atacando a fonte do problema, o ancestral havia aliviado o trauma que fluía nos ramos inferiores da árvore genealógica.

Isso nos faz pensar por que alguns membros da família são afetados enquanto outros não são. É tentador atribuir todas essas aflições a karmas pessoais, dizendo que a pessoa está simplesmente pagando pelos erros de alguma vida anterior. Embora prefira a noção do karma pessoal em vez da idéia de que Deus ou o destino decretou que as pessoas precisam sofrer experiências terríveis, não tenho certeza de que essa seja a única resposta. Pode ser que, no nível da alma, algumas pessoas prefiram passar por uma experiência difícil na vida, pois isso lhes oferece uma oportunidade de explorar certos aspectos, como o de estar num corpo físico – talvez como um modo de ajudar a redimir o karma coletivo da humanidade. Se a situação é vista desse modo, essas pessoas não precisam carregar pesados sentimentos de culpa, comuns entre aquelas que acham que estão resgatando o karma.

A cliente do dr. McAll conseguiu pesquisar sua história de família para encontrar a chave que a ajudou a aliviar sua obsessão. Se essa informação não tivesse sido encontrada, a única forma de encontrar alguma pista seria recorrer aos métodos intuitivos. Este capítulo apresenta as várias técnicas intuitivas usadas para selecionar ancestrais para o trabalho de cura e também explica como rastrear um problema na família, depois de o identificarmos em nossa própria vida.

## COMO MONTAR O QUADRO DE ANCESTRAIS

O primeiro passo é montar seu próprio quadro, assim como foi exemplificado na página 98, de forma tão detalhada quanto possível. Lembre-se de que nessa fase não importa se existem lacunas em suas informações. A seguir será apresentado o primeiro exercício, que lhe dará um idéia das diferentes características ou dinâmicas de energia de cada ramo de sua árvore genealógica. Inicialmente, é preciso trabalhar apenas com os catorze ancestrais diretos – isto é, seus pais, avós e bisavós. Com o tempo, talvez você ache necessário dar atenção também aos tios, tias, primos e assim por diante.

### Exercício para equilibrar e diagnosticar

*5 minutos*

***Objetivo***: *determinar o equilíbrio das energias entre as duas metades de sua família*

- Coloque o quadro da sua família sobre uma mesa à sua frente e sente-se numa posição confortável com as costas retas. Feche os olhos e faça as duas primeiras fases do exercício da página 119 depois de se ligar com a sua luz interior.
- Em seguida, peça intimamente que seu pai e sua mãe sentem-se um de cada lado de você e visualize-os ali. Observe de que lado cada um se senta. Depois observe como você se sente com a presença deles, usando os quatro níveis: cinestésico, sentimental, auditivo e visual. Por exemplo: **Cinestésico** – que sensações físicas você tem ao entrar em contato com sua mãe? Que diferenças sente quando se liga com seu pai? Sensações de formigamento, de ardor, de expansão podem ser observadas. **Sentimental** – que emoções você tem quando pensa em cada um dos seus pais? Sente raiva, alegria, paz, ressentimento ou outra emoção qualquer? **Auditivo** – o que você imagina que seus pais estão dizendo a você? **Visual** – qual é a aparência deles? Eles parecem jovens ou velhos; vestidos como espera que estejam, etc.?

- Em seguida, pense na ligação que eles têm com seus respectivos pais e avós. Assim você estará em contato, por intermédio de seus pais, com todos os seus catorze ancestrais.
- Mais uma vez conscientize-se do tipo de energia que chega até você, a partir desses dois ramos da família.
- Agora imagine à sua frente uma balança grande, com dois pratos, representando a energia de cada ramo da família. Visualize o que está acontecendo aos pratos da balança. Quase certamente você verificará que os dois ramos não estão equilibrados, que um prato pesará mais que o outro. O ramo mais pesado é o que tem mais problemas de dinâmica familiar.
- Chame interiormente o ancestral que mais precisa de ajuda, para marcar a presença dele. Peça-lhe que avance e se coloque à sua frente.
- Tente sentir o que esse ancestral está reprimindo e o que é preciso para que você equilibre a balança.
- Finalmente, volte ao estado de alerta total e anote o que sentiu.

## MÉTODOS INTUITIVOS DE SELEÇÃO

Existe uma série de métodos intuitivos que podem ser usados para se selecionar um ancestral que precise de atenção. Um deles é o descrito abaixo.

### Luz interior

Esse é um método muito simples e eficaz, se você deixar que o lado perceptivo intuitivo da sua mente entre em ação. Coloque o quadro de ancestrais sobre uma mesa à sua frente ou ponha-o no colo. Em seguida, feche os olhos, harmonize-se com o seu eu interior e sinta-se ligado a seus ancestrais. Pergunte então qual deles precisa de uma atenção especial. Depois, visualize uma luz azul, branca ou dourada, brilhando sobre o quadro e envolvendo o ancestral em questão. É possível que você visualize isso interiormente ou que, abrindo os olhos repentinamente, "veja" essa luz brilhando sobre esse determinado ancestral. Muitas pessoas acham esse método bastante eficaz para se transcender a mente racional e pôr em evidência um ancestral que não havia sido considerado antes.

## Moedas

Esse método foi adaptado de um dos métodos tradicionais usados para se consultar o *I Ching*. Você precisará de duas moedas e do seu quadro de ancestrais, marcado com as linhas yang/yin.

Harmonize-se, ligue-se à sua luz interior, e depois sacuda as duas moedas nas mãos e jogue-as em qualquer superfície lisa, observando de que lado elas caem. As moedas indicarão a geração, de acordo com o esquema seguinte:

Duas caras = pais

Cara e coroa = avós

Duas coroas = bisavós

Em seguida, você precisa determinar com que ancestral vai trabalhar. Para isso, você precisará de uma moeda só. Jogue a moeda uma vez para a linha dos pais, duas vezes para a de seus avós e três vezes para a de seus bisavós. Coroa representa uma linha yang (—) e cara uma linha yin (– –). Verifique em seu quadro (página 92) para ver qual ancestral foi selecionado por meio das moedas.

Por exemplo, suponhamos que você inicialmente tirou duas coroas, o que as relaciona com a geração de seus bisavós. Precisará então jogar a moeda três vezes para selecionar um determinado bisavô. Suponhamos que a moeda caia na seguinte ordem: cara (yin), coroa (yang), coroa (yang). O sistema *I Ching* sempre começa de baixo; assim sendo, ao ler o seu padrão ele seria mostrado como (– –), o que significa seu bisavô materno. Visto de outro modo, a linha inferior (primeira jogada) indica se ela está relacionada ao lado da família de seu pai ou de sua mãe; a linha do meio (segunda jogada), dependendo do pai selecionado, indica qual dos dois bisavós; e a linha de cima (terceira jogada) indica se se trata do seu bisavô ou de sua bisavó.

Noutro exemplo, imaginemos que você inicialmente tirou uma cara e uma coroa, o que indica a geração de seus avós. Em seguida, fez duas jogadas e novamente tirou uma cara e uma coroa (yin, linha de baixo; yang, linha de cima), o que significaria seu avô materno.

Esse método é relativamente simples e reflete o modo pelo qual os hexagramas são formados dentro do *I Ching*. As pessoas que estudam o *I Ching* podem adaptar esse método com o objetivo de atender a suas exigências específicas. Por exemplo, tendo determinado a que ancestral se ligar, é possível utilizar um hexagrama completo para obter mais informações quanto às dinâmicas subjacentes. Uma outra alternativa seria encontrar o ancestral através do método *I Ching* tradicional, que usa três moedas em vez de uma para determinar cada uma das linhas. Isso resulta no que é conhecido como linhas móveis, que podem ser revertidas – yang torna-se yin, e assim por diante. Se usar esse método, é possível que você descubra que selecionou dois ancestrais ao mesmo tempo para serem trabalhados.

## Cartas em branco

Uma forma mais simplificada desse método usa catorze cartas. Faça essas cartas com fichas de arquivo cortadas ao meio, para que as cartas possam ser facilmente embaralhadas, e depois escreva num dos lados delas os nomes de seus ancestrais (ou o grau de parentesco deles) e qualquer outra informação que você possa achar relevante. Embaralhe-as e corte o monte, em seguida vire a carta de cima. Esta lhe apresentará um determinado ancestral, ou ancestrais, com o qual você precisa trabalhar.

Para dar mais impacto a esse método, pinte ou desenhe a imagem de cada ancestral em um dos lados das cartas.

## Cartas de baralho

Em vez de fazer suas próprias cartas, você pode usar um baralho comum. Selecione as doze cartas principais (rei, rainha e valete) de cada conjunto, mais o ás de espadas para representar seu pai e o ás de copas para representar sua mãe. As cartas pretas representam o lado paterno da família e as vermelhas, o materno, enquanto as restantes estão relacionadas com os quatro avós. A sua associação se daria do seguinte modo:

| | |
|---|---|
| Espadas | lado paterno: avô e seus pais |
| Paus | lado paterno: avó e seus pais |
| Ouros | lado materno: avô e seus pais |
| Copas | lado materno: avó e seus pais |

O rei e a rainha representam seus bisavós, enquanto os quatro valetes, seus avós. Para selecionar um ancestral a ser trabalhado, embaralhe as cartas, corte-as e vire a carta de cima. Se separou a rainha de ouros, isso significa que o parente selecionado foi a sua bisavó do lado paterno de sua mãe. O valete de paus seria a mãe de seu pai, o ás de copas sua mãe, e assim por diante.

## Cartas do tarô

Essas cartas podem ser usadas de maneira semelhante às cartas comuns, mas substituindo as espadas pelos pentagramas, os paus pelos gládios, os ouros pelo bastão e as copas pelo cálice. Você também tem a opção de escolher as catorze cartas, entre os Arcanos Maiores, que, a seu ver, representem bem seus ancestrais.

## Pesquisa com pêndulo

Aqueles que estão familiarizados com o pêndulo podem usá-lo para procurar o ancestral ou ancestrais que precisam ser trabalhados. Esse método permitirá que você tenha informações mais exatas com relação aos ancestrais que estão influenciando mais a sua vida. Em seguida, é possível selecionar a ordem em que se quer atacar o problema. Sugiro que primeiro você pergunte a si mesmo se deve trabalhar com seus pais, avós ou bisavós. Depois de determinar a geração apropriada, examine um ancestral por vez dentro daquele grupo, a fim de selecionar o certo (ou certos). Depois de obter sua lista, você pode usar o pêndulo novamente para saber a ordem em que vai colocá-los.

Por exemplo, suponhamos que seu pêndulo tenha reagido positivamente com relação à linha de seus pais e bisavós. Você pode então descobrir que o pêndulo indica que precisa trabalhar com sua mãe e com o avô paterno de sua mãe, bem como com sua avó materna. Esses três ancestrais podem então ser colocados em uma determinada ordem, usando o pêndulo.

## COMO PROCURAR PROBLEMAS ESPECÍFICOS

Qualquer método mencionado anteriormente pode ser usado para descobrir problemas específicos de saúde ou emocionais/psicológicos em sua árvore genealógica. Prefiro, no entanto, verificar o que encontrei usando esses sistemas juntamente com o Exercício de Comunicação Intuitiva (p. 119), para me sintonizar com o ancestral selecionado. Sempre termino esses exercícios usando o símbolo da balança para ver até que ponto as energias ficaram equilibradas. Em alguns casos, elas precisam ser trabalhadas por mais um mês; assim sendo, não espere que elas sempre se equilibrem rapidamente.

## OS PASSOS SEGUINTES

Uma vez determinado qual o ancestral que deve ser trabalhado em primeiro lugar, é possível usar os métodos já citados para trabalhar com toda a lista. Não há problema se você perceber que está voltando ao mesmo ancestral mais de uma vez. Isso indica que é preciso fazer um trabalho adicional, para equilibrar e purificar algum padrão problemático.

O processo completo que compreende desde a ligação com os catorze ancestrais até o equilíbrio de suas dinâmicas não precisa ser feito rapidamente. Ele pode ser realizado num período de três a doze meses. Não recomendo a ninguém que trabalhe com mais de um ancestral por dia, mas se preferir adotar esse caminho, precisará verificar periodicamente se as energias ainda estão equilibradas. É quase certo que você acabe percebendo que precisa passar mais tempo trabalhando com um determinado ancestral.

*Capítulo 8*

# Como Solucionar os Conflitos Ancestrais

Uma série de temas comuns tem sido levantada por pessoas que passam um certo tempo trabalhando com padrões ancestrais. Obviamente não precisamos nos preocupar com os aspectos que nos são benéficos. Os problemas estão nos aspectos de desarmonia ou de doenças que são transmitidos ao longo de gerações. Cada família tem algum tipo de desequilíbrio: isso pode ser normal para quem habita um mundo físico. Ninguém é perfeito, e cada um de nós tem aspectos de desequilíbrios que precisam ser apontados de vez em quando. Contanto que esses desequilíbrios não sejam excessivos, em geral eles podem ser acomodados dentro de um padrão de vida. Problemas reais surgem quando eles se tornam muito evidentes ou violam as regras normais de comportamento.

## O QUE OS NOSSOS ANCESTRAIS EXIGEM DE NÓS

Parece haver três providências ou atitudes predominantes que nossos antepassados exigem de nós. Eles querem ser:

- reconhecidos
- compreendidos
- perdoados

Uma vez estabelecida essa base, todos os outros aspectos fluem a partir dela.

## Reconhecimento

Parece surpreendente, mas uma das facetas mais importantes na cura dos padrões ancestrais que muitos de meus alunos têm sentido com relação a diferentes antepassados é a necessidade de reconhecimento. Isso pode significar simplesmente que eles querem ser ouvidos, como se tivessem ficado frustrados devido à falta de reconhecimento.

Isso parece corresponder à idéia de que uma das tarefas de nossos ancestrais depois de "morrer" é zelar pelos familiares que ainda estão vivos. Nesses casos, as pessoas sentem um grande alívio quando o contato é estabelecido pela primeira vez. É como se o ancestral estivesse esperando, algumas vezes muito impacientemente, por um simples reconhecimento.

Entretanto, nem todos os antepassados reagirão dessa maneira, e pode haver grandes diferenças no modo pelo qual cada um sente a influência causada por eles. Em alguns casos, eles até mesmo se surpreendem com o simples fato de uma ligação ter sido feita, especialmente no caso de filhos ilegítimos. Na minha família, minha avó materna era ilegítima e, embora tivesse crescido com sua mãe, o nome de seu pai não foi registrado na sua certidão de nascimento. Quando fiz uma meditação para esse ancestral, meu bisavô, eu tive consciência de haver causado uma verdadeira surpresa pelo fato de tê-lo reconhecido e agradecido a ele por ter ajudado a me dar vida.

Às vezes, também há uma sensação de que o ancestral não completou alguma tarefa ou morreu muito cedo e não pôde sustentar a família. O contato com o ancestral em questão pode liberar essa energia bloqueada. Uma aluna minha sentiu isso com relação ao avô, e percebeu que essa era a causa de alguns problemas que seu pai, ainda vivo, também tinha. Depois de fazer a ligação interior com o avô e de ter conversado a respeito disso com o pai, houve uma verdadeira sensação de libertação com relação ao medo da morte que seu pai tinha e uma aceitação muito maior de tudo o que ele havia tentado fazer na vida. O que interessa notar é que, depois de estabelecida a idéia de libertação e de confiança, ele retirou todo o dinheiro da poupança (não era muito) e dividiu igualmente entre as duas filhas. O cosmos respondeu a isso repondo exatamente a quantia retirada, por meio de um presente inesperado que recebeu algumas semanas mais tarde.

## Ser compreendido

A compreensão é uma qualidade ilusória que se vislumbra com uma miragem de significados diferentes. Contudo, tentar compreender as causas subjacentes que impeliram um ancestral a agir de um determinado modo também nos ajuda a compreender nossos próprios impulsos semelhantes. Existem muitas razões pelas quais as pessoas fazem coisas que geram sentimentos de culpa e raiva. O clima social e econômico da vida delas pode ter ocasionado as medidas desesperadas. Outras foram surpreendidas pela guerra, tornando-se soldados forçados a cometer atos de brutalidade ou a testemunhar sofrimentos terríveis; ou talvez como civis, pegos em armadilhas de facções em luta, ou ideológicas, vendo suas vidas, seus lares destruídos e, muitas vezes, parentes próximos sendo arrancados de seu convívio – experiências que deixariam marcas indeléveis em sua mente. Padrões desse tipo são tramados em nós mesmos.

Embora certos atos imperdoáveis possam ter sido transmitidos para toda a família, ao se tentar compreendê-los, com a ligação a um ancestral, conseguimos chegar a alguns aspectos de cura fascinantes e valiosos. Houve o caso de um homem chamado Michael, que compreendeu o sentimento de destruição mútua de alguém torturado pelo próprio sofrimento ao fazer um trabalho num parente que – depois de ter participado da Batalha do Somme, na Primeira Guerra Mundial – passara a espancar a mulher. Esse ancestral achava que ninguém compreenderia a intensidade da experiência pela qual ele havia passado e, conseqüentemente, tornara-se um homem extremamente retraído emocionalmente. Esses sentimentos retraídos extravasaram sob a forma de necessidade de infligir sofrimento à pessoa que era mais próxima a ele, sua mulher. Ao mesmo tempo esta, por não ser capaz de compreender o sofrimento interior do marido, facilitou o caminho para que isso acontecesse com ela.

Ao ligar-se com esses ancestrais, Michael percebeu que todo o sofrimento é relativo e que não se pode dizer que o sofrimento de uma pessoa é maior do que o de outra. A resolução para esses dois parentes foi tentar que um curasse o sofrimento do outro, pois assim, na realidade, cada um estaria curando a si próprio. Michael compreendeu então que, para libertar-se desses nós kármicos, precisamos nos esforçar para não infligir aos outros o que pode ser perpetrado em nós.

## Ser perdoado

"Errar é humano, perdoar é divino", disse um poeta do século XVIII, Alexander Pope. Logo depois da compreensão vem o perdão, sob qualquer forma em que possa ser aceito ou oferecido. Perdoar, como definido nos dicionários, significa desistir do ressentimento contra outras pessoas ou desistir de uma dívida em favor do devedor. Tem sido demonstrado que o ato de perdoar tem efeitos terapêuticos valiosos, tanto para a pessoa que perdoa quanto para a que é perdoada. Em árvores genealógicas, com freqüência aparece o sentimento de que um parente fez algo terrível que não pode ser perdoado. Ligar-se a esse antepassado e trazer à tona a necessidade de abandonar essa idéia fixa causa um enorme alívio. Embora o parente tenha morrido, o padrão da culpa pode fluir por muitas gerações; os parentes vivos, então, carregam o karma familiar daquela situação. Mas para que o perdão traga esse alívio ele tem de ser verdadeiro, e para ser realmente eficaz também precisa seguir várias direções. Em outras palavras, quando perdoar um ancestral por qualquer padrão kármico que tenha sido porventura estabelecido em sua árvore genealógica, você também precisa pedir o perdão daquela pessoa a quem você ou sua família possa ter de certo modo prejudicado, deliberada ou inadvertidamente. Por fim, naturalmente, você precisa tentar perdoar a si mesmo, o que pode muitas vezes ser o passo mais difícil.

Um caso do livro do dr. McAll diz respeito a uma senhora de 70 anos que costumava tratar com violência a irmã mais nova, com quem morava. Elas sabiam que a mãe, que tinha sido a filha mais velha, havia tido ataques violentos antes de morrer, e parecia ser ela a causa do problema. Entretanto, ao fazer o mapa da árvore genealógica, verificou-se que as filhas mais velhas das seis gerações anteriores haviam apresentado tendências semelhantes. A causa parecia estar num assassinato em família, não-solucionado, cometido em 1750. Naquela época, a filha mais velha, Elizabeth, havia se tornado alcoólatra, bebendo até morrer, aos 40 anos de idade. As subseqüentes crises de violência das outras gerações haviam chegado também até a sobrinha das duas irmãs vivas. Depois da realização de uma cerimônia de perdão, a situação melhorou imediatamente para toda a família, e sentiu-se que a corrente de temperamentos violentos havia se quebrado.

## PROCEDIMENTOS DE CURA RECOMENDADOS

O exercício que se segue é um método geral de cura de padrões ancestrais baseado na proposta dos três atributos: reconhecimento, compreensão e perdão.

Exercício para cura ancestral

*Aproximadamente 10 minutos*

***Objetivo:*** *promover a cura e libertar os ancestrais*

- Junte todas as informações, fotografias ou qualquer outra coisa que julgue relevante e coloque tudo à sua frente. Se quiser, pode colocar flores, incenso ou algum outro objeto que empreste um caráter de reverência à cena.
- Passe algum tempo harmonizando-se e ligando-se com sua luz interior.
- Peça ajuda de alguma outra força superior em que acredite, para realizar esse ritual. Pode rezar silenciosamente ou em voz alta.
- Sintonize-se com o ancestral escolhido para se ligar com ele. Faça isso imaginando-o sentado à sua frente.
- Procure perceber o que ele precisa (reconhecimento, compreensão e/ou perdão) e em seguida tente transmitir isso a ele.
- Agradeça-lhe por ser seu ancestral, e depois imagine que você o está elevando ao encontro da luz do Sol.
- Perceba que tipo de mudança nos padrões está fluindo para você e para os outros membros da família.
- Encerre a sessão, pedindo ajuda novamente para seu parente e agradecendo às forças espirituais que o ajudaram nesse trabalho.

Esse procedimento pode ser adaptado para que melhor se ajuste à sua crença espiritual e o ajude a se sentir melhor.

## COMO DESCOBRIR OS ANCESTRAIS POR MEIO DE SÍMBOLOS

Algumas pessoas acham difícil conseguir uma impressão nítida dos ancestrais, principalmente se elas não sabem nada a respeito de um determinado antepassado ou se não estão acostumadas a trabalhar num nível de recepção intuitivo. Nesse caso, recomendo que usem um dos muitos sistemas de desenvolvimento divinatórios/psicológicos para montar um quadro mais completo. Os sistemas principais, muitos dos quais já mencionados no Capítulo 7 e descritos no Glossário, incluem o *I Ching*, as runas, as cartas de tarô, as cartas medicinais, as cartas do Caminho Sagrado, as cartas dos Anjos, as cartas do Olimpo e as cartas das Bestas de Albion.

### Como curei minha bisavó

Um exemplo de como isso pode ser aplicado relaciona-se ao caso da minha própria bisavó Keturah Stacy – avó materna de minha mãe. Tudo que eu sabia sobre ela é que havia passado parte de sua vida na Union Workhouse, uma espécie de abrigo para pessoas carentes, em Wincanton, Somerset, onde deu à luz a minha avó no dia 26 de janeiro de 1882, cujo nome era Sarah Jane Stacy. Não foram encontrados registros detalhados desse nascimento, mas é provável que ela também tenha nascido nesse mesmo asilo.

Ao montar o quadro de minha árvore genealógica, optei por usar as cartas do Olimpo e as cartas das Bestas de Albion. Confirmando minha própria intuição, essas cartas indicaram que minha bisavó sempre idealizara o amor e fora levada por seus impulsos emocionais. Uma das cartas do Olimpo que tirei para ela foi a da Górgona, que representa o confronto com a própria sombra; uma outra foi Prometeu, que roubou o dom do fogo (criatividade) dos deuses e o ofertou à humanidade, sendo violentamente punido por isso. Prometeu foi muito astuto em todas as suas negociações. Entre as cartas de animais, tanto a aranha que simboliza o destino, quanto a pomba, que representa o amor e a inocência, foram tiradas.

Quando me sentei para me harmonizar com ela e mandar-lhe energia de cura, tirei a carta da Criatividade dos Anjos. A princípio, tive uma sensação de sofrimento, espanto e traição. Tirei em seguida a carta de tarô referente à Justiça e a carta rúnica que significa movimento. Essa carta estava invertida, indicando uma energia bloqueada. Senti que precisava incorporar o atributo de justiça ao processo de cura e levar um equilíbrio de energias entre Keturah e o homem a quem havia se entregado, meu bisavô. Ao terminar minha harmonização de cura, usei o *I Ching* para meu ancestral e tirei o Hexagrama 22, que representa a Graça. Esse atributo é simbolizado pelo fogo (de novo) ao pé da montanha.

Há muitas maneiras de se interpretar o *I Ching,* mas pode valer a pena repetir aqui uma ou duas linhas da tradução de R. L. Wing: "O auge do idealismo desenvolve-se em nossos relacionamentos pessoais. (...) Não há nada de errado nisso. Compreenda, no entanto, que agora você está percebendo os aspectos mais idealísticos do amor, e isso não serve de base nem para o amor nem para o divórcio." Dois outros comentários tirados do Hexagrama são reveladores. O primeiro afirma: "Se der mais atenção à vasilha do que ao que ela contém, você perderá completamente o significado deste momento", e o segundo: "A simplicidade é o caminho que precisa ser tomado. Desse modo você não cometerá erros." O Hexagrama 22 foi desenvolvido no Hexagrama 11, Prosperidade, que diz o seguinte: "Há no momento condições ideais para um novo despertar, um crescimento saudável e planos progressivos. (...) Agora é possível que as idéias boas e arrojadas melhorem a situação, ao mesmo tempo que corrigem os elementos degenerativos do passado." Parecia pelo menos que o *I Ching* apoiava o que eu havia feito!

Esse exemplo ilustra os diferentes modos pelos quais os vários sistemas divinatórios podem ser criativamente incorporados à cura ancestral. Não existe apenas um modo correto. Se quiser, você pode usar só um método, como por exemplo o *I Ching*, e fazer leituras em momentos diferentes, dependendo do ancestral com quem estiver fazendo o trabalho. Todos esses sistemas ajudarão a formar um quadro de seu antepassado, no que diz respeito à influência que ele exerce sobre você. Lembre-se de que há sempre dois elementos que indicam a forma de cura efetuada; você pode tomar conhecimento disso por intermédio daquilo que o seu ancestral revela e pelo modo como recebe aquela energia. O mesmo acontece também quando dois irmãos descrevem os pais, o que às vezes dá a impressão de que eles estão descrevendo duas pessoas totalmente diferentes.

## COMO SANAR PROBLEMAS FÍSICOS

Se precisar curar doenças físicas que atingiram você ou algum parente, procure primeiro voltar tanto quanto possível à origem do problema. A maioria dos casos pode ser tratada dentre as três gerações passadas, chegando aos bisavós. Isso ocorre porque em gerações anteriores o fator genético estará tão diluído que só problemas graves serão encontrados. Entretanto, se souber que sua mãe, avó e bisavô tiveram o mesmo problema, comece com seu bisavô ou com a geração mais antiga da qual tiver conhecimento.

Você precisará mandar energia de cura, o que será descrito detalhadamente no Capítulo 9, mas dessa vez concentrando-se nas condições físicas, assim como no aspecto mental e psicológico. Não importa que o ancestral tenha morrido disso, como já foi explicado, pois acredita-se que todo o passado se mantém no presente. Quando estiver enviando cura para o ancestral, trabalhe com todos os membros da árvore genealógica até você, sentindo que em cada fase ocorre a purificação e a transmutação da energia, à medida que ela passa por você. É muito importante que você não omita essa fase.

## SISTEMAS NÃO-INTERATIVOS DE CURA

Os exemplos anteriores são métodos pelos quais é possível entrar em contato com determinados ancestrais, com a ajuda da imaginação. Existe também uma série de sistemas de cura em que a energia ou ressonância é transmitida à distância. A radiônica talvez seja o exemplo mais conhecido desse tipo de abordagem. Uma pessoa que pratique a radiônica diagnosticará, por meio de medidores, as origens dos desequilíbrios da pessoa e depois transmitirá a energia de vibração correta de volta para ela. Mas há também um outro modo pelo qual esse problema pode ser resolvido.

Se a idéia de que os campos de energia de seus antepassados ainda estão ligados a você estiver correta, certamente não haverá motivo que impeça uma pessoa que pratique a radiônica de tratar o ancestral também. Afinal, por que tratar o efeito quando se pode tratar a causa? Esse tipo de pensamento pode parecer estranho, mas teoricamente tratar alguém através do tempo não deve ser mais difícil do que tratar através do espaço. Normalmente, praticantes de radiônica preferem ter uma "testemunha" física, como por exemplo uma mancha de sangue ou fio de cabelo, antes de aplicar o tratamento, mas conheço casos em que se utilizou apenas o nome da pessoa.

Repetindo, se tiver confiança nas suas habilidades com o pêndulo, não vejo motivo pelo qual você não possa descobrir um remédio homeopático ou um floral de Bach para um ancestral e depois colocar esse remédio sobre um cartão em que estiver escrito o nome desse antepassado. Sei de alguns agentes de cura que usaram esse método para complementar a cura à distância. Às vezes, eles põem um cristal sobre uma folha de papel em que está escrito o nome da pessoa. Se por meio desse método é possível curar alguém à distância, também é possível curar um ancestral através do tempo.

Se quiser fazer algo semelhante, você pode usar uma pedra ou um cristal. Siga as diversas etapas para harmonizar-se com seu ancestral e em seguida, ao pensar na cura para eles, imagine que a energia está sendo transmitida para a pedra ou para o cristal. Depois de passar algum tempo fazendo isso, coloque o cristal sobre o cartão em que esteja escrito o nome do ancestral.

## PASSOS ADICIONAIS NO PROCESSO DE CURA

Um outro exercício inclui cortar as linhas de perturbação que estão fluindo de seus ancestrais para você. Além de mandar energia de cura para os vários membros da família, às vezes convém cortar qualquer ligação psíquica que exista entre você e seus padrões familiares. Isso pode ser feito basicamente com seu pai ou com sua mãe, mas também com outros parentes, se houver necessidade. Ao fazer o exercício com o pai ou a mãe, imagine que a energia de cada ramo de sua família esteja fluindo respectivamente para cada um deles. Na realidade, ao se desligar de um de seus pais você também estará se desligando de todos os padrões familiares. Sugiro que você faça um intervalo de pelo menos uma semana entre um de seus pais e o outro, para deixar que as energias sejam adequadamente integradas e estabelecidas.

Esse método, embora beneficie você diretamente, não elimina a causa do problema, que se encontra em um de seus antepassados. Assim sendo, sugiro que você primeiro utilize os vários métodos de cura com seus ancestrais, antes de tentar o exercício de desligamento.

### Exercício de desligamento emocional e mental de seus antepassados

*10 minutos*

***Objetivo:*** *libertar-se de padrões do passado*

- Adote sua postura normal de meditação e ligue-se à sua luz interior, seu eu espiritual.

- Em seguida, pense num de seus pais com o qual queira cortar as ligações ancestrais e imagine-o sentado numa cadeira à sua frente.
- Ligue-se a ele num nível elevado; para isso, imagine que há uma luz envolvendo vocês. Visualize uma linha dourada ligando você a essa luz e a um de seus pais. Desse modo você ainda manterá a ligação espiritual com os padrões ancestrais, o que possibilitará o surgimento de uma nova dinâmica.
- Imagine que existe um cordão de energia ligando seu plexo solar ao de seu pai ou de sua mãe. Algumas pessoas com quem trabalhei visualizam essa ligação como uma corda, enquanto outras a "vêem" como uma corrente, um tronco de madeira, o cordão umbilical ou uma barra de ferro. Sua mente subconsciente apresentará o símbolo mais adequado com o qual você poderá trabalhar.
- É preciso que você rompa essa ligação, interrompendo a transmissão de energia. Para isso use qualquer símbolo que seja indicado para interromper a energia assim como você a imagina. Por exemplo, caso a visualize como uma corda, uma espada ou uma faca afiada dará conta da tarefa. Continue cortando mentalmente a corda enquanto sentir que a transmissão de energia se mantém. Talvez seja preciso dar vários golpes até que a corda se rompa.
- Quando a corda se romper, imagine que você está absorvendo a extremidade solta de volta para si. Em seguida, mande um pensamento de cura para ajudar seu pai ou sua mãe a absorver a outra ponta da corda de maneira equilibrada.
- Depois imagine que você está dentro de sua esfera de luz e que seu pai, ou sua mãe, está dentro da própria esfera – dois indivíduos separados que agora podem se relacionar um com o outro de um modo inteiramente novo.
- Finalmente, faça o exercício do perdão descrito à página 144 e agradeça a essa pessoa, em nome de seus ancestrais, por tudo que lhe ensinou.

Em casos mais arraigados, talvez seja preciso fazer esse exercício várias vezes, até que as ligações possam ser finalmente cortadas. Isso não significa que você estará se desligando completamente de seus ancestrais – somente que estará mudando o padrão de relacionamento com eles.

## RITUAIS DE CURA PARA SEUS ANTEPASSADOS

### O uso do ritual

Rituais são maneiras simples de fazer com que ligações interiores provoquem mudanças. A história contada no Capítulo 3 sobre sir Alec Jardine, que plantou uma árvore para Porteous, o homem do moinho, é um exemplo clássico de um ritual simples, mas eficaz, de cura. Para se fazer um ritual é preciso, antes de mais nada, que sejamos sinceros com relação a tudo que estamos fazendo. Se o ritual for feito dessa maneira, será bem-sucedido.

Rituais sempre tiveram um papel importante nas práticas religiosas em toda a História. Eles podem ser realizados numa única cerimônia ou, como a missa católica, repetidos regularmente de forma idêntica por pessoas em todo o mundo. Eles agem como um foco para a mente que está invocando energia espiritual ou psíquica ou que está enviando energia para um projeto específico, e a repetição pode ter o efeito de aumentar a concentração do poder da mente. Muitas pessoas acham mais fácil meditar quando estão em grupo do que sozinhas em casa. Isso acontece porque se cria uma dinâmica de energia dentro do grupo que ajuda cada pessoa a se concentrar mais naquilo que está fazendo. A repetição do ritual causa o mesmo efeito.

Esta seção examinará as diferentes formas pelas quais os rituais podem ser usados para ajudar tanto no processo de ligação com os ancestrais como para provocar mudanças.

## Rituais diários

No Extremo Oriente, principalmente, muitas pessoas começam o dia rezando para os ancestrais e pedindo sua ajuda e proteção. No Ocidente, poucas pessoas começam o dia com orações, embora algumas possam passar algum tempo meditando. Se estiver nessa última categoria ou se dedicar parte de seu dia a alguma forma de atividade espiritual, você pode querer incorporar um pensamento para seus ancestrais. Isso pode ser feito individualmente, selecionando um antepassado diferente a cada dia, ou coletivamente, enviando um pensamento a todo o grupo.

Um pequeno ritual que adotei, principalmente quando trabalho com a cura de aspectos diferentes de meus padrões ancestrais, emprega uma combinação do meu baralho de cartas ancestrais, uma pedra de cura e uma carta dos Anjos. Ao iniciar minha meditação matinal, eu acendo uma vela para meus ancestrais, em seguida embaralho as catorze cartas com os nomes de meus antepassados. Depois disso, corto o baralho e seleciono uma carta que representará o tema do dia. Em seguida, tiro uma carta de Anjo e a coloco junto ao ancestral selecionado e uma pedra especial da ilha de Iona. (Por exemplo, num dia em especial eu tirei a carta de meu bisavô, Carl Bardilli, e a carta da Purificação dos Anjos.) Daí passo alguns momentos pensando nesse ancestral e na qualidade expressa pela carta do Anjo, antes de retomar minha prática normal de meditação.

Quando foi perguntado a Drukchen Rinpoche, um dos altos sacerdotes budistas do Tibete, descendente da divindade Avalokitsvara, quanto tempo deveria durar a meditação diária, sua resposta foi: "Não mais do que cinco minutos." E depois acrescentou: "As pessoas são loucas, e meditar as deixa ainda mais loucas." O que isso significa é que não precisamos passar longas horas diárias meditando; é muito melhor, disse ele, passar cinco minutos mergulhado em um pensamento do que cinqüenta minutos vagando sobre coisas sem sentido. Os seres humanos tendem a adquirir hábitos; assim sendo, é muitas vezes útil reservar um certo tempo diariamente para esse tipo de trabalho. Conseqüentemente, essas rotinas diárias não precisam tomar muito tempo – mas faça sempre aquilo que achar mais agradável e não parta do princípio de que tem de se prender a uma fórmula estabelecida.

Assim sendo, se a rotina diária de meditação sobre seus ancestrais parece ser muito difícil, pratique esse ritual apenas quando sentir necessidade. Depois de se concentrar na idéia de que realmente quer se ligar a eles, com a intenção de acabar com qualquer bloqueio, você naturalmente será levado a pensar neles na hora certa. Se sentir esse estímulo, é importante reagir a ele, pois indica o que precisa ser resolvido. Por exemplo, se começou a pensar a respeito de um parente em particular sem um motivo aparente, isso provavelmente indica uma necessidade de se ligar àquele ancestral. Sentar-se em silêncio e pensar nele, ou fazer uma das técnicas de cura já descritas, geralmente será o suficiente.

## Rituais anuais

Nas igrejas católica e anglicana, o Dia de Todos os Santos é celebrado no dia 1º de novembro, que coincide com o festival celta de Samhain. O dia seguinte é conhecido como Dia de Finados. Esse dia foi primeiramente instituído como festival no mosteiro de Cluny, na França, em 993 d.C. Conta a história que um peregrino, retornando da Terra Santa, foi levado por tempestades a uma região costeira rochosa perto da Sicília. Ali ele encontrou um eremita que lhe contou haver nas cercanias uma caverna que levava a um mundo subterrâneo, de onde emanavam choros e gemidos de muitas almas atormentadas no purgatório. O eremita também havia ouvido os gritos do diabo quando almas redimidas eram retiradas dali por ações piedosas e preces de pessoas sagradas. Disse ele que o diabo ficava especialmente enraivecido com os abades e monges de Cluny. Ao voltar, o peregrino relatou o que havia ouvido para o abade de Cluny que, depois disso, destinou o dia seguinte ao de

Todos os Santos para que fosse lembrado em seu mosteiro como o Dia de Finados, quando orações especiais são oferecidas para ajudar os mortos a escapar do purgatório e ir para o céu. Essa prática espalhou-se rapidamente por outros mosteiros e tornou-se uma data oficial do calendário cristão.

Essa história ilustra uma crença profundamente enraizada na mente coletiva da humanidade: a de que as pessoas podem interceder pelas almas dos mortos, ajudando-as; como conceito, isso é encontrado em culturas muito diferentes.

Seguindo essa tradição, o dia 2 de novembro seria um dia apropriado para se honrar os ancestrais. Segundo a tradição chinesa, as datas da morte dos vários ancestrais deveriam ser honradas ou celebradas de algum modo. Um bom passo inicial nesse sentido pode ser fazer uma lista dos aniversários das mortes dos ancestrais de que se tem conhecimento.

## Rituais de sepultamento

Os túmulos dos ancestrais foram sempre considerados como lugares sagrados nas culturas orientais. Os túmulos de nossos parentes mortos podem ser visitados para se fazer meditações simples em homenagem a eles. No Oriente, limpar os túmulos pelo menos uma vez ao ano é uma tradição que indica respeito pelos ancestrais. Esses locais às vezes contêm um grande foco de energia devido às emoções de todas as pessoas que se reúnem ali, quando da ocasião do sepultamento. Colocar flores sobre o túmulo é um modo de se pacificar o passado.

Entretanto, com a crescente popularidade da cremação, as pessoas tendem a não associar mais um lugar em especial a seus antepassados. No entanto, assim mesmo é possível criar-se uma área dedicada a eles em seu jardim ou em algum outro lugar adequado. Ao se fazer isso, incorpora-se a idéia de ligação à santidade da terra que nos alimenta. Mas, ao se dedicar um lugar como esse, é importante entender que esse é apenas um local escolhido para que você possa se ligar com as energias de seus ancestrais. Até mesmo em sepultamentos reais, o aspecto espiritual da alma não está ligado ao corpo no sentido literal, mas existe em sua própria esfera de experiência.

Este capítulo abordou algumas modalidades principais pelas quais se pode iniciar a cura dos desequilíbrios em sua árvore genealógica. A sabedoria indígena tradicional afirma que devemos procurar a ajuda de nossos ancestrais durante toda a nossa vida. Ao perceber que determinados padrões difíceis foram purificados, esse outro nível de ligação familiar permite que a energia positiva continue fluindo na nossa própria vida. Não há um tempo determinado para que todas as dinâmicas problemáticas de sua árvore genealógica se purifiquem. O trabalho inicial pode certamente ser feito num tempo curto, embora padrões mais arraigados só mudem à medida que nós mesmos mudamos e crescemos. Nesse sentido, ele se torna uma aventura que você compartilha com seus ancestrais durante toda a vida; e quando chegar a hora de deixar a esfera terrena, você terá vários amigos esperando para saudá-lo.

## *Capítulo 9*

# *Cura Energética*

Antes de começar a abordar os métodos usados para enviar cura para os membros de sua árvore genealógica, quero explicar brevemente como e por que a cura funciona. A cura pode ser descrita como uma forma de troca de energias que ajuda alguém a encontrar um ponto de equilíbrio e a se sentir mais pleno. Na medicina convencional, essa troca geralmente envolve medicamentos, mas, na prática, qualquer troca – seja ela feita por meio da homeopatia, da osteopatia, da aromaterapia, do aconselhamento ou da cura espiritual – que tenha a intenção específica de ajudar alguém a se tornar mais pleno pode ser considerada uma disciplina de cura. Segundo a teoria da relatividade de Einstein, a matéria e a energia são permutáveis. Este capítulo trata especificamente de um sistema que envolve a troca não-física de energia. Em termos gerais, esse sistema tem sido descrito por uma série de nomes diferentes, tais como cura espiritual, cura de Reiki, psi-cura, cura da Ciência Cristã, cura com imposição das mãos e cura com energia. Embora os procedimentos usados pelos praticantes desses métodos variem de uma pessoa para outra, em todos eles a mente é utilizada para canalizar e enfocar alguma forma de poder para ajudar ou acelerar o processo de cura de uma outra pessoa.

# PRINCÍPIOS DE CURA

## Ressonâncias

Examinemos primeiramente como a consciência se liga ao corpo. Como tem sido afirmado, existe uma quantidade cada vez maior de informações, principalmente a respeito de experiências de quase-morte, que apóiam a idéia de que alguns aspectos de nosso ser podem se desligar do invólucro físico. Tradicionalmente, essa parte é conhecida como alma, mas também pode ser chamada de consciência superior, essência interior ou qualquer outro termo com o qual você se identifique mais. O que importa é que ela sobrevive à morte do corpo físico e realmente continua a existir em outro domínio da consciência. É esse aspecto que se apresenta como um ancestral e que, a meu ver, continua a exercer influência sobre os parentes vivos.

Assim sendo, pode-se dizer que existem duas polaridades no espectro de nossas energias: o corpo físico de um lado e o eu espiritual do outro. Todas as outras facetas que formam quem e o que você é estão entre esses dois pólos.

Um modo de se entender essa idéia é vê-la como se a inteligência de sua alma descesse um degrau de consciência até a inteligência de seu corpo físico. Um outro modo, já mencionado anteriormente, é o de compará-la a um piano em que as oitavas menores relacionam-se ao corpo físico e as oitavas maiores ao eu espiritual. Os outros aspectos que formam quem e o que você é – as emoções, a mente, o ego, o subconsciente e assim por diante – encontram-se em algum lugar entre essas notas. Quando qualquer nota do piano é tocada, as ressonâncias que ocorrem nessa corda provocam a vibração de outras notas semelhantes: se tocar o Dó médio, por exemplo, todos os outros Dós começam a tocar. Essa metáfora é muito útil: indica que, se pensarmos em algo, sua energia será imediatamente transmitida para todos os outros aspectos do eu. A ciência nos diz que quando duas coisas estão em ligação ressonante, a energia flui do mais forte para o mais fraco. Em outras palavras, se há uma energia em você que está provocando uma doença, você precisará gerar uma força mais forte para mudar esse padrão. Felizmente para nós, o corpo geralmente tem mecanismos internos de cura muito poderosos, e se puder usar seus próprios instrumentos, geralmente corrigirá os desequilíbrios.

Assim como ressonâncias diferentes vibram em você, elas também podem ser transmitidas a outros. A maioria das pessoas já passou pela experiência de estar na companhia de alguém e começar a sentir as emoções dessa pessoa. O humor de certas pessoas, seus sentimentos de raiva, de tristeza ou de felicidade são muito contagiosos. Do mesmo modo, às vezes você está pensando numa pessoa e de repente a encontra na rua ou recebe inesperadamente um telefonema ou uma carta dela. Essas são situações em que informações de ressonância estão sendo trocadas entre você e a outra pessoa. Essas informações, no entanto, são muito sutis, e sua mente consciente bloqueia a maior parte delas.

## COMO CURAR ATRAVÉS DO ESPAÇO E DO TEMPO

Em seu livro *Clairvoyant Reality*, o dr. Lawrence LeShan fala sobre dois níveis de realidade. Um está ligado ao conhecido mundo físico, com todas as suas leis e princípios científicos — em outras palavras, o mundo tal como parece aos sentidos físicos. O outro campo opera num nível muito mais sutil e incorpora princípios muito diferentes: nesse caso, o tempo e o espaço, por exemplo, não criam nenhuma barreira. Esse conceito é algo que os agentes de cura afirmam há muito tempo, pois trata-se da única explicação para o fato de ser possível curar alguém a grande distância, por meio da energia de cura. O simples ato de pensar em alguém faz com que se estabeleça uma ligação com essa pessoa, embora ela possa estar a centenas de quilômetros de distância. Há registro de muitos casos de pessoas que se tornam extremamente conscientes, por meio de um sentimento ou de uma sensação física, de um acidente que ocorreu a um membro da família, embora ele possa estar do outro lado do mundo.

Evidências apresentadas em relatos e pesquisas apóiam a idéia de que o espaço não representa nenhuma barreira a essas energias de cura. Mas o que se pode dizer em relação ao tempo? Meu próprio trabalho e o do dr. McAll, bem como de outros, indicam que o passado também não é fixo. Talvez o melhor modo de se considerar os acontecimentos passados seria vê-los como campos energéticos concomitantes que contêm os pensamentos e ações daqueles que viveram no passado. O que foi criado pelo pensamento também pode ser mudado por meio do pensamento – em outras palavras, podemos influenciar esses campos de energia por intermédio de nossa consciência e conseqüentemente alterar os padrões de energia que eles contêm. Se é possível curar as pessoas no presente através do espaço, não há nenhum motivo para não podermos curar problemas do passado e talvez, curiosamente, do futuro também. Até certo ponto, essa idéia originou-se da física teórica, pois todas as equações principais lidam com a progressão e com a regressão do tempo. Em seu livro *The Emperor's New Mind*, Roger Penrose, professor de matemática da Oxford University, afirma: "Todas as equações bem-sucedidas da física são simétricas no tempo. Elas podem ser usadas igualmente bem tanto numa direção no tempo como em outra. O futuro e o passado parecem estar, do ponto de vista da física, em pé de igualdade. As leis de Newton, as equações de Hamilton, as equações de Maxwell, a teoria da relatividade de Einstein, as equações de Dirac, a equação de Schrödinger – todas permanecem relativamente inalteradas se revertermos a direção do tempo."

Aparentemente, você está seguindo um determinado caminho que lhe trará conseqüências inevitáveis, mas se mudar os padrões que levam a esse caminho você mudará o seu futuro também. O caminho que você está trilhando estaria então sendo modificado continuamente por seus pensamentos e ações. Seguindo essa linha de raciocínio, ao curar os padrões que nos são transmitidos por nossos ancestrais, curaremos tanto o presente quanto o futuro.

Essa cura irá remover os impulsos do passado que levam uma pessoa numa determinada direção. Usando nossa metáfora musical novamente, suponhamos que um de seus ancestrais grave uma determinada melodia, tocada em seu piano, numa fita que toque sozinha repetidamente após a sua morte. Se o seu piano estiver sintonizado com o dele, você poderá verificar que o som dele começa a se impor ao seu, principalmente se tiver sido tocado com veemência. Ao trabalhar com a gravação de seus ancestrais, você terá a possibilidade de parar a fita e mudar a melodia para uma outra que lhe agrade mais.

A seção que se segue foi adaptada de meu livro *A Cura Total*, que descreve detalhadamente técnicas diferentes de cura, recomendadas ao leitor. Entretanto, as informações dadas aqui são suficientes para se começar o processo de cura de sua árvore genealógica, bem como para enviar cura a todos os seus familiares vivos. É possível transmitir a cura desde que você próprio se encontre num estado razoável de saúde.

## O DOM DA CURA

O poder da cura é um dom natural que todos nós temos num grau maior ou menor e, como todos os dons, pode ser desenvolvido pela prática e com paciência. Em muitas circunstâncias, tais como acidentes ou doenças de amigos ou membros da família, a energia de cura pode apressar a recuperação. Ela é também muito eficaz para ajudar a manter o equilíbrio das crianças e dos adolescentes. Geralmente mando um pensamento diário de energia de cura para meus filhos e sinto que isso faz uma enorme diferença no desenvolvimento deles. Essa prática leva apenas alguns minutos, e eles não precisam estar presentes ou mesmo cientes do que está sendo feito.

Os efeitos positivos – agilidade mental, rapidez para se recuperar de doenças e disposição geral – são muito evidentes na vida deles.

Existem muitas profissões, tais como enfermagem, aconselhamento, magistério, além de todos os tipos de terapia complementar, em que a compreensão e o uso de cura energética podem ser um valioso auxílio. O aspecto mais importante é o desejo de ajudar outras pessoas; em seguida a crença de que energias de cura fluem através de você. Esse dom costumava ser conhecido como cura pela fé, o que talvez seja uma descrição justa – com a diferença de que é principalmente o agente de cura que precisa ter fé, não o paciente.

## A FILOSOFIA SUBJACENTE

Não existe um modo de curar – na realidade pode-se dizer que existem tantos meios de se curar quantos são os agentes de cura. O interessante é experimentar, descobrir os métodos que lhe agradam mais, seja colocar sua mão próxima à área afetada ou simplesmente pensar na cura fluindo de você através dos seus pensamentos. Um dos maiores trunfos da cura pode ser o reconhecimento de uma ligação importante entre o eu espiritual e o físico e do que precisa ser feito para equilibrar esses dois aspectos.

Qualquer cura deve ser uma oferta de ajuda para que um outro indivíduo se equilibre interiormente. Em momento algum deve-se tentar impor o que se quer aos outros. De todos os dons que temos, o livre-arbítrio é provavelmente o maior. E ele tem de ser sempre respeitado.

É preciso abordar a cura tendo em mente a idéia de que você está equilibrando a pessoa como um todo – corpo, emoções, mente e espírito. Uma frase útil empregada por muitas pessoas que curam é a afirmação interior: "Seja feita a sua vontade." Isso abrange tanto a vontade espiritual do paciente quanto a crença mais ortodoxa na "vontade de Deus". O eu espiritual do ancestral determinará a melhor forma de usar a qualidade de energia que você tem para oferecer. Se depois você perceber que precisa canalizar suas energias para problemas específicos, como parte do tratamento de cura, você pode fazer isso depois de tomar as devidas precauções.

## CURA LOCALIZADA OU GENERALIZADA?

Vários estudos feitos pela organização Spindthrift em Salem, Oregon, indicam que a cura é muito menos eficaz quando se concentra só nas manifestações da doença. Em outras palavras, se uma pessoa com, digamos, um problema no coração, receber a cura especificamente nesse órgão, conforme tem sido demonstrado, essa cura será de duas a quatro vezes menos eficaz do que se fosse enviada para a pessoa como um todo. É preciso que você se concentre em levar o equilíbrio ao indivíduo como um todo, independentemente de como você veja isso. Esse é um ponto importante quando estiver procurando curar seus antepassados; significa que você não tem de "saber" quais foram as doenças ou enfermidades deles.

Você também tem de aprender a confiar na idéia de que o aspecto superior do seu próprio eu enviará as energias de cura mais apropriadas para o seu antepassado. Em resumo, é necessário abrir-se para o poder de cura e simplesmente deixar que ele flua em você, confiando na sua eficácia. Num estágio mais avançado, principalmente entre aqueles que se dedicam profissionalmente à cura, é possível atingir um ponto em que se tem mais consciência com relação aos diferentes tipos de energia de cura que estão fluindo em você. Só então você saberá, conscientemente, por que está escolhendo determinadas forças e o que está fazendo. Quando isso acontece, é um momento muito excitante.

## FONTES DE ENERGIA DE CURA

Depois de tomar a decisão de que realmente quer enviar energia de cura a um ancestral, a próxima questão importante é compreender a origem dessa energia. Pode-se escolher entre duas fontes primárias. Usar as próprias forças ou ligar-se a reservatórios de energia, tornando-se um canal para ela.

Quando um agente de cura começa a oferecer seus préstimos, tende a usar suas próprias energias. A desvantagem é que ele fica rapidamente debilitado e sente-se completamente exausto. E é sempre muito desagradável quando isso acontece. A chave é aprender a agir como um canal para as energias de cura, sem usar as próprias reservas.

Procure simplificar. Algumas fontes valiosas de energia incluem o Sol, a Terra, árvores, cristais e figuras religiosas tais como Cristo ou Buda. Na prática, a lista é infinita. Cada fonte transmitirá uma energia de características ligeiramente diferentes; assim sendo, de início é melhor usar a fonte mais ampla e geral com a qual você se sinta mais à vontade, pois assim você vai obter melhores resultados. Se for uma pessoa religiosa, ligue-se a Deus, seja qual for o modo pelo qual entende essa força. Para aqueles que têm dificuldade em aceitar esse conceito, sugiro que pensem no Sol. A energia desse astro abrange um amplo espectro e, num nível básico, ele é a fonte de luz e de vida do sistema solar. Não há restrições quanto ao que pode ser utilizado: uma agente de cura que conheço imagina que está conectada a um circuito elétrico para gerar sua energia – e funciona!

Com a prática, aqueles que gostam de se aventurar podem aprender a canalizar uma variedade ainda mais ampla de freqüências. Existem diferentes tipos de energia de cura, e nesse ponto ela é bem diferente da eletricidade. Por exemplo, um ancestral que pareça carregar consigo muita raiva e agressividade vai precisar de um tipo diferente de energia, se comparado àqueles deprimidos ou apáticos. A princípio não é preciso que você se preocupe muito com essa diversidade; no entanto, algumas idéias sobre como projetar diferentes qualidades de energia, usando raios coloridos e símbolos, são dadas na página 169.

Não existe um limite de tempo para se transmitir energia de cura. A regra geral é que ela seja enviada pelo tempo que for necessário. O agente de cura mais rápido que já tive oportunidade de conhecer foi uma parapsicóloga russa chamada Barbara Ivanova, que conseguia transmitir suas energias de cura só durante quinze a trinta segundos. Barbara partia do princípio de que ela estava irradiando energia para o corpo do paciente, e a experiência lhe havia ensinado que ela era capaz de concentrar uma grande quantidade de energia muito rapidamente. Quando se transmite energia em excesso ao corpo, o paciente pode sentir um grande mal-estar – daí a restrição de Barbara a um máximo de trinta segundos. Por outro lado, já vi outras pessoas transmitindo energia de cura por um período de uma hora, desde que o paciente se sentisse bem com isso. Normalmente eu ofereço cura até o momento em que não consigo mais me concentrar naquilo que estou fazendo, o que pode variar entre cinco e dez minutos. Esse é um tempo adequado quando se trata de ancestrais.

## A APLICAÇÃO DA ENERGIA DE CURA

A cura pode ocorrer de três modos diferentes:

- transmitir energia à pessoa
- equilibrar a energia da própria pessoa
- eliminar energia indesejável

Muitas pessoas que estão aprendendo a usar seus dons de cura acham que só serão bem-sucedidas se transmitirem ao cliente uma grande energia de cura. Isso, no entanto, pode não ser necessário. Se voltarmos à nossa analogia do piano, podemos dizer que os problemas só ocorrem quando o instrumento está desafinado. Isso provoca bloqueios no fluxo de energia e desarmonia no som do piano. Algumas notas podem estar desafinadas apenas um tom, o que pode ser facilmente corrigido se ajustarmos a tensão dos pinos de afinação. Em outros casos, algumas peças do piano foram danificadas por maus-tratos, e nesse caso seria preciso muita energia para consertá-las. Finalmente, pó e sujeira podem estar impregnados nas cordas, fazendo com que estas soem desafinadas. A sujeira precisa ser removida antes de o piano ser afinado. De modo semelhante, é possível aprender a usar o poder da mente para equilibrar as energias dos antepassados, remover energias que não deveriam estar ali, ou transmitir energia ao sistema para consertar os danos.

Geralmente não é preciso muito esforço para equilibrar as energias. Envolver a pessoa com um pensamento de paz ou de amor pode ser suficiente. Se energias indesejáveis estiverem presas à pessoa, elas precisam ser retiradas para que se possa curar. Do ponto de vista físico, infecções virais ou bacteriológicas são uma forma de energia inadequada em que ocorre um tipo de invasão. É possível haver energias invasoras em todos os aspectos: considere, por exemplo, um caso de histeria coletiva, quando a força da emoção torna-se tão forte que os indivíduos são tomados totalmente por ela, o que provoca comportamentos em desacordo com seus instintos mais racionais. Às vezes certas pessoas acham que uma força perturbadora está interferindo em seus campos energéticos. Eliminar essas energias é uma parte muito importante do processo de cura. Finalmente, quando se está canalizando energia positiva, surgem situações em que é preciso uma força considerável para corrigir danos que ocorreram no nível físico, emocional, mental ou espiritual. A pergunta principal que todos os agentes de cura deveriam fazer a si mesmos é: "Como posso ajudar esse ancestral ou essa pessoa a encontrar equilíbrio e harmonia interior?" Lembre-se de que os mesmos princípios são aplicáveis à cura de ancestrais, embora eles não estejam mais presentes fisicamente.

A própria disposição de oferecermos cura a um ancestral ou a uma outra pessoa ajuda a equilibrar as nossas próprias energias. Trata-se sempre de um processo recíproco. Em alguns casos, acontece de tomarmos consciência da parte de nós que requer mais atenção. Conseqüentemente, é muito importante estar aberto para receber ajuda, principalmente se algum aspecto da sua vida estiver desequilibrado. Não seja orgulhoso a ponto de não pedir ajuda.

Problemas físicos geralmente resultam de desequilíbrios no nível mental, emocional ou espiritual. Se estiver sofrendo de uma doença de origem genética, ou se sabe que essa doença é característica de sua família, procure encontrar a fonte desse problema – o ancestral que estabeleceu o padrão em primeiro lugar. Em seguida, você precisará enviar cura para ajudar a equilibrar o nível mental, emocional e espiritual dessa pessoa.

## PROCEDIMENTO DE CURA

As atitudes com relação à cura são muito importantes. A cura deve ser oferecida com "amor", sem qualquer tentativa de se impor sobre a pessoa que a está recebendo. No trabalho com meus próprios ancestrais, jamais encontrei resistência quando propus ajudá-los dessa forma. Sempre haverá uma ligação sutil entre o agente de cura e o paciente, que pode não ser tão óbvia à primeira vista. O mesmo acontece quando se está enviando cura a um ancestral – na verdade, a ligação nesse caso ainda é maior, pois você já está energeticamente ligado a eles.

Os passos sugeridos a seguir constituem um guia geral que pode ser aplicado a todas as formas de cura. Eles foram adaptados tendo-se em mente a cura de ancestrais.

1. Harmonize-se com o seu eu espiritual (a luz interior).
2. Harmonize-se com o seu ancestral e com a luz interior dele.
3. Ligue-se à fonte de energia de cura, por exemplo, Cristo, Deus, o Sol, o cosmos (ver p. 162 ) ou a Terra.
4. Concentre seus pensamentos, procurando equilibrar todos os campos energéticos do ancestral.
5. Irradie energia de cura para qualquer parte específica, como por exemplo um joelho com artrite.

6. Equilibre a pessoa como um todo novamente.
7. Desligue-se de sua fonte de energia e do antepassado.
8. Sinta-se equilibrado interiormente e encerre.

O modo mais simples de enviar cura à distância a um de seus ancestrais ou a qualquer pessoa é imaginar ou sentir que eles estão sentados à sua frente. Não há necessidade de visualizá-los em grandes detalhes para que a cura seja eficaz; é suficiente que você sinta que eles estão ali. Sinta a energia de cura fluindo de suas mãos e sendo transmitida ao seu ancestral. Quando tiver terminado, imagine que você está elevando seu ancestral até o Sol, e envie um pensamento de agradecimento pela ajuda que recebeu.

A seguir será apresentado um exercício simples de cura que pode ser usado com segurança para enviar pensamentos que ajudem a equilibrar um ancestral. Antes de começar a cura, esfregue vigorosamente as palmas das mãos durante alguns minutos, depois mantenha-as separadas por alguns centímetros de distância e imagine uma bola de energia entre elas. Anote qualquer sensação que sentir. É muito provável que experimente sensações semelhantes nas mãos enquanto estiver enviando energia de cura.

### Exercício de cura ancestral

*Aproximadamente 15 minutos*

***Objetivo**: transmitir energia de cura a um de seus ancestrais*

- Escolha um de seus ancestrais. Vamos supor que seu avô tenha sido asmático e acabou morrendo de pneumonia; a asma, muito provavelmente, tinha um elemento emocional.
- Sente-se numa posição confortável, de preferência com as costas retas. Feche os olhos por alguns minutos e procure relaxar o

corpo físico, principalmente os ombros. Em seguida, concentre-se na respiração, procurando torná-la calma e rítmica.

- Imagine ou sinta que em algum lugar dentro de você encontra-se uma pequena chama que representa seu eu espiritual interior. Quando a tiver localizado, sinta-se ligado a ela. Isso garantirá a sua ligação a todos os aspectos de sua mente.
- Imagine ou sinta que o ancestral a quem enviará cura está sentado à sua frente.
- Sinta que está se ligando ao eu espiritual de seu antepassado. Para que isso se torne mais real, você pode imaginar que está ligando sua luz interior à luz interior dele por meio de uma linha dourada. Repita mentalmente as palavras: "Seja feita a sua vontade."
- Ligue-se à sua fonte de energia de cura, por exemplo, o Sol, e sinta essa energia fluindo desde a cabeça, passando pelas mãos e sendo transmitida ao seu ancestral.
- Tenha em mente a idéia de que essa energia está equilibrando todo o ser de seu antepassado (corpo, emoções, mente e espírito). Para que isso se torne mais real, você pode imaginar uma balança de dois pratos. Continue pensando nisso, até sentir que a balança está equilibrada.
- Deixe que sua imaginação lhe indique outros aspectos que precisam de uma cura específica. (No caso do exemplo, você concentraria a energia de cura na região do peito, para ajudar a aliviar o problema da asma.)
- Volte a irradiar cura para a pessoa como um todo, mas dessa vez imagine que ela está rodeada por um halo de luz (azul, branca ou dourada – qualquer uma com a qual você se identifique).
- Veja, com seu olho mental, seu ancestral ficar bem e saudável e depois sinta sua energia equilibrada, passando pelas gerações até chegar em você.

- Interrompa a linha dourada que estava ligando vocês dois e desconecte-se também da fonte de energia que está fluindo por seu intermédio.
- Continue sentado por um momento, sentindo que está equilibrando as energias antes de abrir os olhos.
- Se quiser, pode anotar suas experiências. Manter um diário pode ser um instrumento útil para que você tenha uma idéia do progresso que fez na cura de seus ancestrais. Algumas pessoas também gostam de lavar as mãos depois de cada sessão, o que pode ser uma medida útil, que simboliza o desligamento da energia.

Em princípio, esses métodos também podem ser usados para enviar cura a amigos, membros da família, animais de estimação, plantas e outras pessoas. Não há limites de aplicação para essa energia, e saber que você pode fazer uma contribuição para o bem-estar de outros aprofundará a sua capacidade de compreensão de entendimento.

Curar ancestrais é uma parte muito importante do processo de desenvolvimento interior. Transmito energia de cura a ancestrais em muitas ocasiões, quando sinto que alguns deles estão precisando. Ajudar a curar membros de minha família tem sido uma experiência fascinante, e embora eu jamais tenha conhecido a maioria deles e não saiba nada a respeito de alguns, sinto a presença de todos eles à minha volta.

Se você quiser desempenhar um papel mais ativo no processo de cura, seria melhor entrar em contato com uma organização dedicada à cura ou que promova cursos sobre o assunto.

## AS CORES NA CURA

Um complemento valioso à transmissão de energia de cura a ancestrais é a prática de visualizar que se está irradiando cores a eles. A energia de cura não é como a eletricidade, com seus padrões uniformes; ela é mais parecida com a música, com sua variedade de nuances. Algumas músicas nos excitam, enquanto outras melodias nos acalmam e confortam, elevando-nos a experiências emocionais superiores, que dificilmente seriam vividas de outro modo. A cura pode atuar de um modo muito semelhante. Irradiar mentalmente cores ou símbolos diferentes a alguém produz o mesmo tipo de efeito que ouvir tipos diferentes de música.

Quando enviar um raio colorido a um ancestral, imagine que ele está saindo de suas mãos e cercando-o com sua luz. Para fazer isso pense primeiramente na cor que você gostaria de gerar. Pode ser útil ter à mão pedaços de papel colorido e concentrar-se por alguns momentos numa determinada cor. Em seguida, feche os olhos e siga todos os procedimentos já descritos para enviar cura, mas dessa vez imagine que está gerando uma bola colorida de energia (da cor que você escolheu) entre suas mãos, antes de enviá-la ao ancestral. Direcione-a para a região em desequilíbrio. Se tiver dificuldade em visualizar uma cor, mantenha em sua mente o pensamento: "Estou usando um raio branco [azul ou de qualquer outra cor]." Outra opção seria imaginar a cor sobre sua cabeça e sentir que ela está passando por você antes de ser transmitida ao ancestral.

Existem quatro raios coloridos principais que podem ser úteis a seus ancestrais, dependendo do que você estiver tentando conseguir; são eles: o branco, o azul, o rosa e o dourado. Para uma lista mais completa de cores, que abranja todo tipo de problema físico, consulte *A Cura Total.* Com a prática, é possível que você encontre outras cores. Nesse caso, procure avaliar que tipo de efeito cada uma delas exerce, assim você poderá utilizá-las novamente. Os raios coloridos podem ser usados individualmente ou combinados, e em qualquer tratamento pode ser preciso alternar as cores.

### Raio branco

Embora o branco contenha todas as cores do espectro, ele tem uma característica própria: destacar situações, mostrando onde se localizam os desequilíbrios. Se você envolver um ancestral com luz branca e usar o símbolo da balança, será possível averiguar a causa de qualquer problema. Pergunte mentalmente: "O problema é físico?", e observe o que acontece aos pratos da balança. Seu subconsciente irá chegar à informação correta, que lhe será passada por meio do símbolo. Se os pratos da balança permanecerem equilibrados, você saberá que a causa não se localiza no físico. Você pode então perguntar mentalmente: "O problema é emocional?", e observar novamente o que acontece aos pratos. Eles vão se inclinar para um lado ou para o outro quando você mencionar um aspecto problemático.

O raio branco carrega uma energia que fortalece e protege, além de incorporar a qualidade emocional da alegria. Pode ser usado também nas situações em que um ancestral está enfraquecido por energias perturbadoras à sua volta. Envolvê-lo numa bolha imaginária de luz branca ajudará muito. Todos nós temos ao nosso redor um campo de energia que é conhecido como aura. Trata-se de uma extensão do corpo físico e, como a atmosfera terrestre, será mais densa quanto mais próxima estiver do físico, e mais difusa quanto mais distante estiver. Em termos práticos, é suficiente imaginar a aura se estender por pouco mais de meio metro de distância do corpo e depois rodeá-la com sua cor escolhida. Assim como a atmosfera terrestre, se a nossa aura estiver desvitalizada, então nossa capacidade de afastar energias prejudiciais diminui muito.

Às vezes, enquanto trabalha com os ancestrais, você processa uma grande quantidade de informações enquanto dorme. Quando isso acontece, é possível que você acorde sentindo-se quase tão cansado quanto estava antes de dormir. Se passar por uma experiência como essa, procure imaginar uma bolha de luz branca sobre o plexo solar quando se deitar, antes de dormir.

### Raio azul

O raio azul-celeste representa harmonia, amor espiritual e purificação. É a cor ideal sempre que a qualidade do perdão for de fundamental importância. O azul pode ser usado nos casos de conflitos familiares em que seja necessária uma reconciliação. Sua característica equilibradora ajudará em todos os casos de doenças genéticas e pode ser usado para purificar e harmonizar os campos de energia da aura. É também a cor mais adequada para envolver o ancestral no final do tratamento.

### Raio coral ou rosa

Esse é um raio reconfortante e caloroso que pode ser usado para aliviar as dores em geral, como dores de cabeça, e no tratamento de doenças como a artrite. É também um excelente raio para ser usado quando você sentir que seu ancestral está num estado emocional ou mental agitado. Nesses casos, o raio deve ser dirigido àquelas áreas que refletem essa determinada condição. No caso da agitação mental, ele deve ser dirigido à cabeça, e no caso das emoções, para a região do coração ou do plexo solar. É um raio que reflete as sensações maravilhosas de paz e tranqüilidade assim como são vistas nas estátuas de Buda.

### Raio dourado

Trata-se de um raio muito poderoso, que reflete a energia do Sol em seu aspecto positivo ou yang. Envolver todos os seus ancestrais numa luz dourada ajudará a unir e a equilibrar suas energias combinadas. Ele tem uma qualidade protetora que é excelente para combater as forças negativas, caóticas ou malévolas. Precisa ser usado com moderação, pois certas pessoas podem achá-lo excessivamente forte.

## OS SÍMBOLOS NA CURA

Atuando de um modo muito semelhante ao das cores, os símbolos podem servir como uma ajuda psicológica para nos ligarmos a determinadas energias. No desenvolvimento da psique humana, as imagens simbólicas são as que mais se assemelham à linguagem da parte mais profunda do eu. É por isso que os sonhos são predominantemente pictóricos e não lingüísticos. Os símbolos assumem várias formas, como nosso mundo de sonhos assim demonstra, e contêm significados pessoais bem como coletivos. Na cura, eles podem ser usados de três maneiras:

- para atuar como um foco para a energia de cura
- para obter informações a respeito de ancestrais específicos
- para se compreender problemas e situações relacionados com ancestrais

Certos símbolos têm sido repetidamente usados como representações de determinados tipos de energia e tornaram-se parte da psique coletiva. Antes de tratarmos do significado de cada símbolo, segue um exercício sobre o amor, que lhe dará uma idéia do que isso significa.

Exercício de cura

*Aproximadamente 15 minutos*

***Objetivo***: *irradiar "amor" a um de seus ancestrais*

- Sente-se confortavelmente numa cadeira de espaldar reto ou, se preferir, de pernas cruzadas, sobre uma almofada. Mantenha as costas retas. Feche os olhos e concentre-se na respiração por alguns minutos. Sinta-a calma e relaxada.
- Em seguida, pense no "amor". O que ele significa para você? Deixe sua mente visualizar as respostas para as seguintes perguntas:

- A que cor associo o "amor"?
- Onde localizo esse sentimento em meu corpo?
- Que animal associo ao "amor", e onde está esse animal em relação a mim?
- Que flor associo ao "amor"?
- Que peça de roupa associo ao "amor", e o que sinto quando a visto em minha imaginação?
- Agora pense em alguém que lhe é querido e projete seu pensamento de amor para ele.
- Agora pense num ancestral que, a seu ver, precisa de amor e envie-lhe um pensamento afetuoso.
- Finalmente envie a si mesmo um pensamento de amor, tendo em mente principalmente os aspectos de que não gosta em você mesmo.
- Quando terminar, volte ao estado de consciência alerta e abra os olhos.
- Convém anotar o que você sentiu, as emoções suscitadas pelo exercício e imagens simbólicas que vieram à sua mente.

Um ponto importante a respeito dos símbolos é não rejeitar a primeira idéia que lhe vem à cabeça. Iniciantes freqüentemente dizem: "Não gostei daquele animal, então mudei para outro." A parte mais profunda de seu ser comunicará mensagens importantes para a sua mente consciente por intermédio dos símbolos, tornando-se desse modo uma fonte muito rica de sabedoria e de conhecimento interiores. Aprenda a interpretar os símbolos, em vez de rejeitá-los.

Se fizer esse exercício corretamente, você deparará com uma série de símbolos diferentes, que refletem a energia do amor. Esses símbolos podem revelar-lhe como você se relaciona com esse sentimento. Para se ligar a essa energia no futuro, você pode escolher os mesmos símbolos e, então, o mesmo tipo de energia fluirá em você.

Em seguida, apresentamos um conjunto de símbolos, como as cores descritas anteriormente, que são relevantes para a cura ancestral.

## O sol

Esse símbolo contém uma energia extremamente forte, que incorpora todo o simbolismo associado ao Sol. Além de ser revigorante e protetor, ele o ajudará a se ligar com o lado espiritual da sua natureza, dissipando o medo e a dúvida. Dizem alguns que é o raio que Cristo mais usou com seus apóstolos. Sua natureza abrangente faz com que ele se torne uma energia muito boa para ser usada quando você estiver começando a aprender a curar. Muitas culturas consideram o Sol como elemento central de suas crenças. Muito importante no Egito Antigo, o sol foi o símbolo principal das crenças monoteístas do faraó Akhenaten. Quando combinado à cura ancestral, esse símbolo pode ser usado em todos os casos em que haja uma emoção negativa muito forte.

## A cruz

As mais conhecidas são a cruz cristã, cuja parte inferior é alongada, e a cruz com braços de tamanho iguais. Esse símbolo está associado ao desenvolvimento do cristianismo e ao auto-sacrifício. Algumas pessoas atualmente acham a cruz um símbolo restritivo devido a algumas de suas associações. Mas os ancestrais com crenças cristãs freqüentemente responderão a ela, principalmente quando usada nos casos que envolvem o perdão. Por ter os braços de tamanho igual, a cruz representa o equilíbrio dos quatro elementos – terra, ar, fogo e água – no mundo material físico. Jung avaliou a ligação simbólica dos elementos com os aspectos de nossa psique e os classificou em quatro categorias: sensação, pensamento, intuição e sentimento.

## A cruz dentro de um círculo/a cruz celta

Esse é um símbolo excelente que representa o equilíbrio, a integração e a proteção. Os círculos sempre estiveram associados ao espírito. A combinação da cruz com o espírito representa a ligação entre o lado físico e o espiritual de nossa natureza. Por isso, ela pode ser usada em todos os casos que requerem esse tipo de integração. Esse símbolo é indicado para equilibrar as energias dos chakras e também para envolver um ancestral no final de uma sessão de cura. (Os chakras, tradicionalmente sete, são centros de energia localizados ao longo da parte frontal do corpo. O conceito originou-se nas tradições védicas e atualmente tem sido aceito na cura, na acupuntura, na cinesiologia e nos sistemas de crença metafísicos.) A cruz dentro do círculo pode ter uma forte característica de proteção, se colocada sobre áreas de vulnerabilidade ou de sensibilidade em nós mesmos ou nos outros. Uma outra forma desse símbolo é a cruz celta. No que diz respeito aos ancestrais, qualquer um desses símbolos pode ser usado quando há necessidade de equilíbrio geral.

## O cálice

Símbolo de renovação e de revigoramento, o cálice pode ajudá-lo a se ligar com o aspecto sensível, feminino de seu ser, além de incorporar uma qualidade de extrema delicadeza. É o símbolo dos cavaleiros do Graal e, como tal, é uma ligação muito forte com toda busca espiritual pela sabedoria interior. Você pode usá-lo como um símbolo de cura ou como meio de oferecer a si mesmo ou a seus ancestrais uma fonte de alimento espiritual. Invoque-o sempre que estiver se sentindo esgotado energeticamente ou deprimido. O ato de beber de um cálice simbólico com seus ancestrais promoverá uma ligação entre a energia espiritual deles e a sua.

## O caduceu

Símbolo de Hermes, um dos principais deuses da cura do panteão grego, o caduceu foi adotado por muitas profissões médicas. Ele representa o equilíbrio das energias, à medida que elas passam pelas diferentes camadas do nosso ser. Curiosamente, embora seja um

A cruz

A flor de lótus

A cruz dentro de um círculo

O cálice

O caduceu

A cruz celta

A estrela de seis pontas

O sol

símbolo muito antigo, sua forma é muito semelhante à molécula de hélice dupla do DNA, que é a molécula básica da vida. Pode-se usar o caduceu em todos os casos em que se precisa restaurar o equilíbrio e, especificamente, equilibrar o lado masculino (yang) e o lado feminino (yin) de nossa natureza. A palavra "hermafrodita", que no nível espiritual representa a integração completa dos princípios masculino e feminino dentro de nós, é derivada de Hermes e de Afrodite, a deusa do amor. O caduceu pode ser usado em todos os casos em que é preciso integrar duas energias opostas. Ele também pode ser usado diretamente no DNA, para equilibrar distúrbios genéticos.

### A estrela de seis pontas

Este símbolo também tem uma ligação muito forte com a energia do amor. O seis era considerado por Pitágoras e seus seguidores como o número da harmonia perfeita. Ele também está ligado ao atributo da sabedoria interior e pode representar uma porta para outras dimensões do nosso mundo interior. A Estrela de Davi, com seus dois triângulos entrelaçados, é uma versão desse símbolo. Use a estrela de seis pontas sempre que estiver à procura de harmonia com os ancestrais.

### A flor de lótus

Esse símbolo expressa a paz e a serenidade vistas no rosto de Buda. Ele se associa à meditação e à busca interior, estreitando a ligação entre o corpo físico e o eu espiritual. Trata-se de um símbolo excelente para ser usado com os ancestrais, quando se precisa de paz e tranqüilidade.

### Como trabalhar com os símbolos

Você pode imaginar o símbolo escolhido sobre sua própria cabeça, enquanto você capta a energia dele, ou pode projetá-lo diretamente no paciente. Por exemplo, se quiser inspirar um sentimento de paz interior, visualize uma flor de lótus sobre a cabeça e sinta a energia fluindo por você; uma outra opção seria colocar a flor de lótus sobre a cabeça de seu ancestral, com o objetivo de provocar o mesmo sentimento.

Eu uso os símbolos dos dois modos. Falando de um modo geral, trabalho com os símbolos arquetípicos principais como o Sol, Cristo, ou principalmente deuses ou deusas, sentindo que estou entrando em contato com a energia deles e fazendo com que ela flua em mim. Uso determinados símbolos, como o caduceu, diretamente sobre o paciente. Por exemplo, quando sinto um desequilíbrio entre o lado masculino e o feminino da natureza de um indivíduo, coloco o caduceu sobre ele e mantenho esse símbolo em mente por tanto tempo quanto sentir que é necessário.

Os símbolos, assim como as cores, são considerados como um complemento das capacidades de cura. Não é necessário usá-los para ajudar seus ancestrais, mas eles aumentam o nível de percepção e da qualidade da energia dirigidas a eles. O exercício apresentado a seguir oferece um exemplo do emprego dos símbolos na cura.

### Exercício com símbolo

*Aproximadamente 15 minutos*

**Objetivo**: *aumentar o nível de alcance da percepção e da qualidade de energia pelo uso de símbolos*

- Sente-se confortavelmente, como descrito anteriormente no exercício da página 173, e entre em harmonia, meditando silenciosamente.
- Imagine em primeiro lugar um símbolo sobre sua cabeça.
- Capte a energia dele e observe o que você sente e experimenta.

- Agora coloque o símbolo sob os pés e sinta que está retirando a energia dele e levando-a para seu corpo, até estar completamente envolvido por ela. De que forma esse sentimento e essa sensação diferem das experimentadas na primeira parte do exercício?
- Em seguida, coloque o símbolo sobre a região do coração e sinta que os dois estão ligados. De novo, qual o sentimento e a sensação que você tem?
- Finalmente, por intermédio do símbolo, envie um pensamento de amor para um membro de sua família ou um de seus ancestrais, e verifique qual a sensação que isso desperta em você.
- Gentilmente, retorne para um estado de alerta total e abra os olhos.
- Anote tudo o que sentiu.

### Como interpretar os símbolos

Este é um assunto amplo, e livros inteiros foram dedicados a um único grupo de símbolos. É como aprender uma língua nova e especial que, se dominada, pode oferecer descobertas maravilhosas em todos os tipos de situação. Nessa categoria também se encontram todas as mensagens simbólicas que recebemos do nosso mundo de sonhos. Uma enciclopédia de símbolos pode facilitar muito a jornada da interpretação e seu uso é recomendado. Nas páginas 204-206 há uma lista com uma série de ótimos livros sobre o assunto.

## COMO EQUILIBRAR OS OPOSTOS

Uma outra tarefa importante é equilibrar os opostos dentro da árvore genealógica. Na filosofia chinesa, quando a energia alcança um extremo, automaticamente ela se reverte para seu oposto: yin torna-se yang, e vice-versa. Esse princípio foi primeiramente observado por um filósofo grego, Heráclito, que o chamou de enantiodromia. Jung e outros terapeutas de família tinham consciência dessa dinâmica tanto no indivíduo como dentro de grupos familiares. Para que se atinja o equilíbrio, os opostos precisam estar presentes, mas para alcançá-lo, precisamos nos deslocar entre as polaridades. Isso é mais acentuado no sexo, pois, nesta vida pelo menos, você será ou um homem ou uma mulher. De um modo geral, durante nossa vida nós nos movemos de uma polaridade à outra com bastante liberdade, do mesmo modo que usamos nossas pernas para andar. No entanto, a dinâmica familiar pode determinar que, se uma dinâmica está fortemente presente, então o seu oposto também será encontrado dentro da família. Como já foi demonstrado anteriormente por meio de alguns exemplos (ver p. 103 ), isso pode se manifestar em forma de padrões como o alcoolismo, por exemplo, que é compensado na geração seguinte com descendentes abstêmios.

Consulte novamente o quadro dos seus ancestrais e veja as associações que pôde fazer de acordo com a lista e segredos de diferentes graus (ver pp. 123-127). Anote numa folha separada o que descobriu. Digamos, por exemplo, que você teve um ancestral que era um filho ilegítimo, outro que foi condenado por roubo, um terceiro que sofria de depressão e ainda outro que freqüentemente perdia a paciência. Pense a respeito dessa lista e procure determinar qual poderia ser o oposto de cada uma dessas características. Minhas sugestões são as seguintes:

| **Característica** | **Oposto** |
|---|---|
| ilegitimidade (liberdade sexual ou irresponsabilidade) | inibição sexual ou responsabilidade |
| roubo | honestidade e respeito pela propriedade alheia; superioridade |
| irritação | paciência imperturbável |

É possível que você tenha outras idéias, o que é perfeitamente aceitável.

Considere agora como a característica primária e o seu oposto manifestam-se em você. Se você tiver uma reação emocional a uma ou mais dessas dinâmicas que se manifestaram em seus próprios ancestrais, e julgar que elas não poderiam de modo algum fazer parte de você, pense mais um pouco — é quase certo que elas, na verdade, estejam presentes na sua vida.

Em seguida, procure o ancestral que, na sua opinião, parece carregar o oposto dessa característica. Pode se tratar de um tio ou uma tia. Se não tiver certeza, nem informações factuais em que se basear, use um dos sistemas intuitivos explicados anteriormente (veja o Capítulo 7).

Para equilibrar essas energias em você é preciso reconhecer que os dois aspectos da polaridade estão presentes em sua psique. No momento em que rejeita um aspecto, você provoca um desequilíbrio interior, e essa energia *terá* de ser carregada por outra pessoa. Será sempre alguém que esteja ligado energeticamente a você, provavelmente um membro da família.

Para equilibrar essas energias entre os ancestrais, faça o seguinte exercício:

## Exercício para equilibrar as polaridades

*Aproximadamente 10-15 minutos*

***Objetivo***: *equilibrar as polaridades na família*

- Escolha um aspecto que você queira focalizar dentro de sua família. Suponhamos, por exemplo, que optou pela raiva (também poderia ser a pobreza, a avareza, o abandono, e assim por diante).

- Faça as duas primeiras fases do Exercício de Cura (ver p. 144), assegurando-se de que você está ligado à sua luz interior.
- Pense no antepassado que tinha a característica escolhida e visualize-o diante de você.
- Pense a seguir no ancestral que apresentava característica oposta (paciência, calma, passividade). Se não souber qual é esse ancestral, imagine alguém que poderia representar esse aspecto, e veja-o sentado ao lado do antepassado escolhido anteriormente.
- Imagine que cada ancestral está rodeado por suas características polarizadas. Para que tudo fique mais real, associe uma cor a cada uma delas. Vamos supor que o vermelho esteja associado à raiva, e o azul à não-manifestação da raiva. O primeiro ancestral estaria rodeado pelo vermelho e o segundo, pelo azul.
- Em seguida, visualize cada cor sendo transmitida entre os ancestrais, de tal modo que as duas cores se misturem.
- Imagine o símbolo da balança à frente deles, e mantenha essa imagem em sua mente até que os pratos pareçam equilibrados.
- Finalmente, veja a energia que provém desses dois ancestrais fluindo de uma maneira equilibrada, ao longo da árvore genealógica, até atingir você e se integrar perfeitamente ao seu campo energético.
- Agradeça aos dois ancestrais pela ajuda e eleve-os à luz do Sol.
- Retorne ao estado de consciência alerta.

Esse exercício pode ser aplicado em todos os casos em que ocorreu a polarização da energia. Pratique-o também quando sentir que uma determinada qualidade está lhe faltando. Por exemplo, caso se sinta incapaz de defender seus direitos, pode pensar num ancestral que era forte e sabia se defender, bem como num que era fraco. Una e equilibre essas energias fazendo o exercício acima e sinta-se ligado interiormente às duas polaridades. Desse modo, você estará se ligando aos dois ancestrais, para formar uma forte dinâmica triangular. Nesse caso, o equilíbrio seria você saber distinguir o momento de se defender com firmeza e o momento de se retrair; ambas as manifestações são importantes nos relacionamentos humanos.

## Capítulo 10

# A Moradia dos Ancestrais

Um outro aspecto importante do ato de curar o passado, e que em geral requer atenção, diz respeito ao lugar em que os ancestrais viviam e em particular à sua moradia. Os lugares e as construções têm os padrões de energia das pessoas que os habitaram. Esses padrões podem se repetir e ser novamente reativados por quem quer que os habite. Nesse caso, em vez dos seus próprios ancestrais, são as pessoas que habitaram o lugar que estabelecem o padrão de influência. É por isso que as casas sempre têm uma atmosfera própria. Assim como é importante sentir a harmonia da energia proveniente dos seus antepassados, é importante também assegurar que a energia de seu lar esteja em harmonia com você.

Na China, a arte antiga de equilibrar e harmonizar a energia da casa é conhecida como Feng Shui, que significa literalmente vento e água. Esses dois elementos representavam simbolicamente o modo pelo qual a energia sutil, conhecida como Chi, fluía na propriedade. Um mestre de Feng Shui disse que, numa certa ocasião, ele havia se apressado em adquirir uma propriedade porque os ocupantes anteriores haviam começado um negócio muito bem-sucedido antes de se mudarem de lá. Como era isso mesmo que ele queria que acontecesse com ele, era importante usar os benefícios da energia daquele lugar.

Mais recentemente, tem crescido, no Ocidente o interesse pelas idéias relacionadas ao Feng Shui e pelo que as pessoas podem fazer para melhorar a energia do lar – que é um outro modo pelo qual as energias do passado podem influenciar nossa vida.

## A ENERGIA NATURAL DOS LUGARES

Os lugares têm tanto uma energia natural quanto uma energia criada pela atividade humana. Em sua forma benéfica, a primeira categoria inclui as redondezas naturais da casa, sua proximidade com árvores, rochas, água, vento e luz do sol, e aquele fator indefinível que transmite a um lugar uma sensação especial. Em sua forma mais destrutiva, esses mesmos elementos não se misturam facilmente: o lugar pode ser muito úmido, muito exposto ao gás rádom ou impregnado por ele. Algumas pessoas também sugerem que existem outras distorções sutis, tais como cursos d'água subterrâneos, tensão geopática e coisas do gênero.

A atividade humana também pode ter duas formas. A primeira abrange toda a atividade emocional, psicológica e espiritual que ocorreu na propriedade, e a segunda, o modo pelo qual os circuitos eletromagnéticos, os cabos de luz e de televisão exercem influências no ambiente do lar.

Cada uma dessas áreas pode ser trabalhada para melhorar as energias ambientais da casa. Forças naturais são as menos sensíveis a mudanças, embora os antigos chineses passassem um tempo considerável procurando aperfeiçoar o ambiente ao redor da propriedade. O que pode ser mudado de imediato são os padrões de energia ancestral que foram gerados pela atividade humana. São essas as energias que mais afetam a vida das pessoas que vivem na casa e que se fixam como matrizes de energia ancestral.

## PADRÕES ANCESTRAIS NAS CASAS

As energias ancestrais das casas baseiam-se nas atividades humanas que ocorreram no local em que a propriedade foi construída, e no padrão de energia que foi gerado na propriedade em si.

Levando-se em consideração o tempo em que a Inglaterra é habitada e a densidade de sua população, é pouco provável que se encontre atualmente um lugar intocado pelo homem. Em outras partes do mundo, pode-se ter mais sorte. Qualquer atividade humana deixa traços de energia no lugar em que o evento ocorreu. Incidentes tais como arar o campo ou uma discussão entre duas pessoas não têm qualquer impacto duradouro, mas se houve uma batalha ou um assassinato, fica para sempre uma marca que afeta adversamente todos aqueles que habitem ou habitarão aquele lugar.

Numa propriedade, onde fui para atender a um pedido de ajuda, havia muita atividade *poltergeist*. Tratava-se de uma casa moderna, construída no lugar de uma vila de estilo italiano que havia sido demolida. Os fenômenos psíquicos haviam piorado tanto, com objetos sendo atirados por toda a casa, que o proprietário resolveu procurar ajuda do padre da região para fazer um exorcismo. Ocorreram algumas melhoras, mas depois um vizinho cuja casa dava para os fundos da propriedade começou a passar por problemas semelhantes. Parecia que o exorcismo só havia deslocado o problema para a casa vizinha. Depois de "ligar-me" à propriedade, juntamente com um de meus grupos de cura, percebemos que o ocupante anterior da vila ainda estava presente em sua forma espiritual e, por não apreciar o fato de estar morto, acreditava firmemente que as pessoas estavam tentando invadir sua propriedade; então, opunha-se a isso e fazia o que podia para expulsá-las. Ele recebeu tratamento e libertou-se de seu estado de "ligação terrestre", para não mais perturbar os vivos. Desde esse dia, nenhum outro distúrbio foi anunciado.

Alguns amigos que vivem nas redondezas de Londres estavam sofrendo uma série de problemas graves de saúde. Quando passei uma noite na casa deles, tomei consciência de uma energia perturbadora que parecia fluir diagonalmente, cruzando a propriedade. Pedi a um especialista no uso do pêndulo para investigar isso, sem contar-lhe a respeito de minhas próprias descobertas, e ele confirmou que havia sentido uma linha de energia "negra"' ou perturbadora exatamente onde eu a havia sentido. Ao me "ligar" à energia dessa linha, senti que ela se reportava à época da peste negra. Aparentemente, aquele lugar havia servido como caminho por onde se carregavam os corpos infectados pela peste para que fossem enterrados. Muito medo e sofrimento ainda impregnavam esse caminho. Quando contei tudo isso ao meu amigo, ele comentou que seu médico homeopata, sem qualquer razão lógica, havia lhe receitado recentemente um antídoto para a peste bubônica. Isso parecia ser uma extraordinária coincidência. Depois da cura e da purificação que fizemos no caminho, as energias desse amigo melhoraram e a saúde da família também.

É por isso que as energias de casas recém-construídas muitas vezes ainda estão muito perturbadas: elas podem ter sido construídas em locais que carregam essas energias do passado. Essa situação sempre pode ser corrigida; assim sendo, uma energia perturbadora não precisa necessariamente fazer com que desistamos de comprar uma casa que em todos os aspectos parece perfeita. Entretanto, enquanto essa energia não for eliminada, coisas estranhas podem acontecer.

Mesmo que o lugar em que se localiza a sua casa lhe pareça bom, ainda assim ele será influenciado pelas várias pessoas que viveram ali antes de você. Essas influências podem ser insignificantes, mas estão presentes. A boa notícia é que, assim como pode mudar as energias que recebe de seus ancestrais diretos, você também pode mudar as energias dos proprietários anteriores da sua casa. Antes de examinarmos isso mais detalhadamente, seguem-se alguns conselhos para quando você comprar uma casa.

Sempre que possível, verifique o modo como a propriedade foi utilizada anteriormente. Se ela foi algum tipo de instituição para doentes mentais, comece a se preocupar. Um bom critério é perguntar se você gostaria de viver, por qualquer período de tempo, na companhia dos atuais ocupantes ou dos passados. Se a resposta for positiva, é muito provável que a atmosfera da propriedade lhe seja adequada. Mas às vezes isso não pode ser verificado ou pode haver razões muito boas que o façam querer aquela determinada casa ou apartamento. Há alguns anos, mudei-me para uma casa que parecia perfeita, embora tivesse uma atmosfera horrível. Felizmente eu estava em condições de fazer algo a respeito dela e houve uma melhora imediata nas sensações que despertava.

## POR QUE AS CASAS ADQUIREM UMA CERTA ATMOSFERA?

A maneira mais fácil de se compreender a influência exercida pelas propriedades é imaginar a casa como um computador, que recebe todos os dados a respeito das atividades de seus ocupantes. Esse computador também transmite de volta tudo o que recebeu, de forma que existe um processo de reciprocidade que ocorre durante todo o tempo. A maioria das pessoas ignora completamente a existência desse computador num nível consciente e acredita que, ao mudar a decoração, elas podem melhorar ou alterar a propriedade a seu gosto. Infelizmente, nem sempre isso acontece. O computador da casa continuará transmitindo as mesmas energias até que o programa seja mudado. Se essas energias forem particularmente fortes, elas começarão a perturbar os novos ocupantes, levando-os a repetir os padrões gravados no computador. Isso pode funcionar como uma forma sutil de lavagem cerebral, fazendo com que os novos moradores ajam do mesmo modo que os ocupantes anteriores.

Um casal veio procurar minha ajuda, pois o relacionamento deles estava se deteriorando. Haviam descoberto por acaso que o casamento dos três proprietários anteriores também havia se desfeito, e começaram a se perguntar se a casa teria qualquer influência sobre eles. Seguro de que era isso que estava ocorrendo, liguei-me à energia da propriedade e tomei consciência de uma energia agressiva e virulenta de um dos proprietários anteriores. Assim que o "computador da casa" foi acessado e o programa alterado, o casal sentiu uma melhora radical no relacionamento.

## COMO CURAR SUA CASA

Muitas pessoas têm uma capacidade inerente de melhorar ou mudar a energia da própria casa; entretanto, preciso preveni-los. Assim como o aspecto físico da casa às vezes apresenta problemas que só um profissional resolveria, tais como rachaduras, talvez você precise da ajuda de um especialista para efetuar a cura energética. Esse tipo de assistência é indispensável quando há suspeita da presença de um espírito ou fantasma. A maior parte do trabalho que tenho realizado nesse nível foi feita a distância; assim como no caso de curar pessoas, a visita não é necessária.

Fantasmas são espíritos de pessoas que morreram mas que, por algum motivo, não fizeram a transição para o plano espiritual. Geralmente, por causa do medo, eles permanecem presos ao lugar que conheciam melhor, que era seu lar. Existem muitos motivos pelos quais a transição não ocorre. Em alguns casos, uma morte violenta pode ligar um espírito a um lugar; em outros, é o medo de ir para o inferno devido a erros cometidos que, embora insignificantes, prende esses espíritos no lugar. Também encontrei espíritos em estado de comatose, que haviam morrido acreditando firmemente que não existe vida depois da morte. Essa convicção era tão forte que impediu o que deveria ter sido uma transição normal. Em outros casos, o espírito não percebe que morreu e continua sua vida como se ainda estivesse vivo. O homem da vila (ver p. 187) é um exemplo desse tipo de fenômeno. Em todos esses casos, pode ocorrer uma mudança completa quando se consegue despertar gentilmente essas almas para sua verdadeira condição ajudando-as com firmeza a continuar sua jornada. Dificuldades com esse tipo de cura só ocorrem quando a alma se negar a partir. Se não for feito um bom trabalho, o problema pode reincidir, o que é muito desagradável.

## Como restabelecer a atmosfera da casa

O exercício descrito a seguir se limita à purificação e ao restabelecimento da atmosfera de uma sala, de uma casa ou de um edifício – não envolve a libertação dos espíritos presos à terra. Se estiver trabalhando em sua própria casa e sentir-se confiante de que não existe nenhuma energia difícil ao redor, sem dúvida você pode fazer esse trabalho sozinho. Faça o exercício em cada cômodo antes de passar para outras áreas da propriedade. Decida primeiramente que método irá utilizar. Em seguida, determine o que quer colocar no lugar da atmosfera indesejada. Há um ditado segundo o qual "a natureza detesta o vácuo". Se retirar algo, é preciso colocar outra coisa no lugar.

## Purificadores energéticos

Os purificadores mais adequados baseiam-se nas forças elementares do fogo e da água, que são os dois principais agentes purificadores da natureza. Em outras palavras, imagine que está lavando uma sala com água ou queimando energias destoantes com fogo. Algumas pessoas trabalham com o ar, visualizando um vento forte soprando a energia bloqueada para fora da casa e jogando-a no cosmos. Esse método tem seu valor, mas, uma vez que você a remove do seu próprio espaço, pode acabar por jogar essa energia em alguma outra pessoa.

O símbolo que mais uso é uma espada flamejante. Purifico mentalmente cada parte do espaço, limpando toda a atmosfera, e depois mando o que sobrou para o cosmos, passando pelo telhado. Se opto por trabalhar com a água, imagino uma chuva fina caindo pelas paredes, lavando as impurezas e levando os resíduos para as profundezas da terra, para serem reciclados.

Depois de executar o trabalho de limpeza, é preciso pôr outra energia no lugar. Minha recomendação seria usar um dos símbolos ou cores mencionados no Capítulo 9. Como alternativa, você pode usar a imagem simbólica de uma rosa de qualquer cor que seja adequada. Você precisa captar a energia do símbolo escolhido, assim como faz quando efetua a cura, e sentir que está preenchendo completamente o espaço purificado. Essas energias são muito palpáveis. Numa ocasião, depois de ter purificado uma propriedade na França, a proprietária convenceu-se de que eu havia jogado água de rosas no lugar, pois ela continuou sentindo um perfume pronunciado durante muito tempo. As únicas rosas que haviam sido usadas foram aquelas plantadas num nível imaginário. Ela ficou muito surpresa ao saber que eu não havia usado água de rosas. Normalmente fixo o símbolo no meio da sala e imagino sua essência se espalhando por todo o espaço, em forma de cor ou simplesmente de um sentimento.

Harmonizar as energias de lugares desse modo pode trazer uma mudança radical de sentimentos, principalmente se as energias tiverem se acumulado durante longos períodos. É como se a casa ou a sala tivesse passado por uma faxina depois de muitos anos de abandono, embora num nível energético e não físico.

## Exercício para purificar e criar uma atmosfera numa sala

*Aproximadamente 10 minutos*

***Objetivo***: *purificar e restabelecer mentalmente a atmosfera de uma sala*

- Adote sua postura normal para cura/meditação. Feche os olhos e harmonize-se, ligando-se à sua luz interior. Peça também ajuda do cosmos para o que vai fazer.

- Imagine-se dentro de uma bolha resistente de luz, que o protege de qualquer energia maléfica.
- Agora imagine que você tem nas mãos uma espada flamejante e passe-a por toda a sala pelo menos três vezes, limpando tudo que tem lá. Finalmente veja a fumaça ou os resíduos flutuando, atravessando o telhado e indo para o cosmos.
- Em seguida, ligue-se ao símbolo e sinta que o está trazendo para baixo e fixando sua energia na sala. Sinta que o sentimento e os atributos do símbolo estão preenchendo cada parte do espaço.
- Finalmente, mentalize uma proteção ao redor da sala, interrompa a transmissão de energia e retorne para o estado de consciência alerta.
- Faça esses exercícios em todos os cômodos da casa, um de cada vez.

Para obter mais detalhes sobre esse tipo de trabalho de cura, leia *A Cura Total.*

Depois de restabelecer as energias da sua casa – mudar simbolicamente o programa do computador –, só ocasionalmente você precisará verificar se tudo está indo bem. De acordo com minha experiência, algum desequilíbrio que não tenha sido percebido, em geral aparece rapidamente e pode ser tratado à medida que for surgindo.

## Como abençoar a casa

Quando mudar para uma casa nova, você pode realizar, juntamente com o exercício de purificação, uma cerimônia de bênção, a fim de estabelecer as energias certas para alcançar seu objetivo. Se for religioso, você pode convidar o padre da igreja da sua região para celebrar a cerimônia. Uma boa alternativa seria convidar os amigos mais próximos que simpatizam com suas idéias e criar sua própria cerimônia. Acenda uma vela, queime incenso, reze ou faça o que achar mais apropriado.

## Sua casa reflete você

As casas que aparecem em sonhos geralmente refletem um aspecto de nós mesmos. Em exercícios de visualização orientada, elas são freqüentemente vistas como parte de nós que abrigam nossa natureza interior. Em sua forma exterior, ela pode exercer, assim como nossos ancestrais, uma influência sutil sobre você. Ao pensar em sua casa dentro dessa perspectiva, lembre-se de que você pode mudar tudo o que a rodeia. Você não precisa ser vítima das energias dela, pois pode alterar o que não é mais adequado para você.

# Epílogo

Ó Grande Espírito, Grande Espírito, meu Avô – aqui, no centro do mundo, para onde me levou quando eu era jovem e me ensinou; aqui estou velho, e a árvore está seca, Avô, meu Avô!

Novamente, e talvez pela última vez nesta terra, recordo-me da grande visão que ele me mandou. Pode ser que alguma raiz pequenina da árvore sagrada ainda viva. Cuide dela então, pois essa árvore pode dar folhas e florir e ficar repleta de canções de pássaros. Ouça-me, não por mim mesmo, mas pelo meu povo; estou velho. Ouça-me, pois eles podem voltar mais uma vez para o arco sagrado e encontrar a boa estrada vermelha, a árvore da proteção!

Assim falou o famoso agente de cura dos sioux oglala, Alce Negro, pouco antes de morrer. Sua prece pelo seu próprio povo contém uma relevância universal. Todos nós precisamos cuidar da árvore que nos deu vida – nossa árvore genealógica. Ela representa tanto o passado quanto o futuro, entrelaçada numa simetria perfeita. À medida que mudamos as energias de um, com o outro certamente acontecerá o mesmo.

Este livro apresentou os diferentes modos pelos quais você pode começar a se ligar à herança riquíssima dos antepassados. Até certo ponto, abordamos os aspectos que precisam ser equilibrados na árvore genealógica. Contudo, existe um aspecto positivo nas experiências de nossos ancestrais. Eles também se esforçaram para compreender, preservar, honrar suas crenças e tradições; essa é uma grande fonte de sabedoria a que podemos recorrer em épocas de necessidade e de incerteza. Ao destrancarmos as portas do nosso passado, nós nos abrimos para um futuro que pode estar livre de pensamentos restritivos. Amando nossos ancestrais, por terem sido o que foram, você assegura que a dinâmica da energia deles contribua com algo muito positivo em sua vida – algo que pode ser comemorado com grande alegria.

Tenho a esperança de que este livro o tenha inspirado a fazer a jornada da ligação com as energias de seus próprios ancestrais e a trabalhar com elas; que essa caminhada seja tão frutífera para você quanto conhecer meus próprios ancestrais foi para mim.

> Tudo o que é preciso é chegar às profundezas em que a transformação ocorre sem esforço e com maior magnitude. Nossos auxiliares estão prontos para nos servir, mas eles aguardam do lado de dentro.
>
> Deepak Chopra, *Journey into Healing*

# Glossário

**Acupuntura**: Sistema de cura desenvolvido na China Antiga há mais de quatro mil anos. Baseia-se na capacidade do acupunturista de equilibrar uma energia sutil conhecida como Chi, que pode ser estimulada ou inibida por meio da inserção de uma agulha fina em pontos específicos do corpo. Esses pontos estão ligados por catorze canais primários (meridianos), que se localizam na superfície do corpo e que, por sua vez, estão ligados a todos os órgãos internos.

**Agente de cura**: Pessoa que conscientemente projeta energia de cura ou procura levar harmonia e equilíbrio a outra pessoa.

**Alma**: O aspecto do espírito que se liga diretamente ao corpo.

**Aromaterapia**: Terapia que usa óleos destilados aromatizados, que são absorvidos pelo corpo por meio de massagens, banhos ou por inalação direta.

**Aura**: Campos de energia composta, que envolvem todas as formas de vida.

**Carl Jung**: Psiquiatra suíço que fundou o movimento de psicologia analítica. Viveu de 1875 a 1961.

**Cartas das Bestas de Albion**: Produzidas por Miranda Grey, formam um conjunto que reproduz 39 animais diferentes, associados à Grã-Bretanha de um modo natural ou mitológico. Cada animal retrata tipos psicológicos específicos ou estados mentais que podem ser usados como um sistema de desenvolvimento interior. O conjunto pode ser adquirido por intermédio da editora HarperCollins.

**Cartas do Olimpo**: Desenvolvidas por Murry Hope, essas cartas baseiam-se nos caracteres mitológicos gregos. Podem ser obtidas por intermédio da editora HarperCollins.

**Cartas dos Anjos**: Conjunto de cinqüenta cartas em que uma única palavra está escrita em cada uma, como, por exemplo: "Espontaneidade", "Carinho", "Entusiasmo", e assim por diante, juntamente com um desenho simples de um anjo desempenhando uma ação que representa a palavra escrita. Essas cartas podem ser obtidas por intermédio da The Findhorn Foundation, The Park, Forres, IV36 0TZ, Scotland.

**Cartas medicinais**: Conjunto de cartas baseado em símbolos de animais dos índios americanos, tais como o urso, o búfalo e o coiote. Como em outros sistemas semelhantes (*ver* Bestas de Albion), a cada animal são atribuídas certas características humanas. Ao selecionar uma carta ou várias delas, salientam-se aqueles aspectos que são significativos para o momento em questão.

**Chi**: Com origem no sistema de medicina dos antigos chineses, diz-se que Chi é uma energia sutil do cosmos que proporciona forma e substância ao mundo manifesto. Essa energia pode ser manipulada até certo ponto pelo pensamento consciente.
**Chakras**: Vórtices de energia geralmente localizados ao longo da parte frontal do corpo e que ligam a parte espiritual à física. Tradicionalmente, diz-se que existem sete chakras principais.
**Cromossomo**: Estruturas microscópicas filiformes encontradas no núcleo das células. São formadas de DNA e proteínas e contêm correntes de genes.
**Cura**: Processo de ajustamento que procura a integridade ou o equilíbrio. Pode ser vivido interiormente pelo eu ou projetado para outra pessoa.
**Cura à distância**: Projeção da energia da cura (Chi) para alguém ou algo que não esteja próximo ao agente de cura.
**Cura da Ciência Cristã**: Desenvolvida por Mary Baker Eddy, nos Estados Unidos, após a recuperação miraculosa de um acidente que sofreu ao patinar. Baseia-se no reconhecimento de uma essência espiritual aperfeiçoada que ela afirma estar ao alcance de todos os seres humanos. A seu ver, as doenças ocorrem por não se reconhecer a perfeição interior que desconhece desequilíbrios ou moléstias. Pode ser resumida pelo seguinte preceito: "Deus é perfeito, somos todos um reflexo de Deus, precisamos só confirmar essa perfeição para sermos seres plenos e realizados." A Ciência Cristã foi formalizada como religião em 1875.
**Cura espiritual**: Conceito segundo o qual a energia de cura pode ser canalizada pela mente de uma pessoa e dirigida a outra, com a intenção de ajudar os mecanismos de auto-ajuda do corpo. A principal diferença entre os vários sistemas semelhantes é a fonte que cada um deles atribui a essa energia de cura. Os sistemas que se baseiam na religião a vêem como uma energia universal. (*Ver* Reiki, Psicura, Cura da Ciência Cristã).
**Debate natureza/criação**: Antigo debate que tem envolvido muitos cientistas e estudos a respeito da avaliação da personalidade humana. Em termos mais simples, trata-se de uma tentativa de se determinar até que ponto nossas características se originam de nossa educação (criação) e até que ponto elas são um resultado da nossa herança genética (natureza). As implicações da resolução desse debate são profundas, pois ela pode, em alguns casos, moldar sistemas políticos, cujos resultados foram destrutivos, como é o caso do nazismo.
**Diagnóstico psíquico**: Modo de se usar as faculdades psíquicas para se obter entendimento e informações que não estão ao alcance dos cinco sentidos físicos.
**DNA**: Ácido desoxirribonucléico; molécula básica da vida que contém o código genético encontrado em cada célula de um organismo vivo.
**Doença**: Desarmonia ou conflito em qualquer nível, entre os diferentes elementos que ligam o corpo físico ao espírito ou dentro deles.
**Dualismo**: Noção filosófica de dois princípios distintos, existentes em todas as

coisas. É semelhante aos conceitos de yin/yang, mas geralmente contém uma idéia de que um é o oposto do outro, como por exemplo *bom* e *ruim*, ou *claro* e *escuro*. Nos seres humanos, significa que a mente ou a alma e o corpo físico são duas entidades separadas, freqüentemente em conflito entre si.

**Efeito placebo**: Reconhecimento da crença de que uma pessoa pode ajudar a si mesma a se curar sozinha. Clínicas experimentais que utilizam pílulas com base em açúcar sem nenhum outro aditivo, têm obtido melhoras em cerca de 30% dos pacientes, quando eles acreditam na eficácia da substância administrada. Esse efeito é atualmente levado em consideração em todas as clínicas experimentais.

**Energia**: Força capaz de produzir um efeito sobre aquilo a que é dirigida.

**Escrita automática**: Informação escrita, obtida quando se leva a mente a um estado alterado de consciência. Ao se bloquear os processos do pensamento consciente, consegue-se acesso direto à mente subconsciente, que por sua vez pode chegar ao "inconsciente coletivo".

**Espírito**: A parte divina externa do eu, que contém a soma total de todas as experiências individuais, sejam elas desta vida ou de vidas passadas.

**Eu espiritual**: Outra maneira de se descrever o espírito (*ver acima*).

**Eu superior**: Aspecto do eu espiritual que está em contato direto com o campo espiritual, ao contrário da alma, que é o aspecto do eu espiritual que se liga à mente e ao corpo.

**Exorcismo**: Processo que visa livrar um espaço, como uma casa, por exemplo, ou uma pessoa, da presença de um "espírito".

**Experiência de quase-morte (EQM)**: Experiência muito conhecida que geralmente ocorre quando o corpo físico parece morrer. Também pode às vezes acontecer espontaneamente. Durante essa experiência, parte do consciente parece se desligar do corpo e ter a consciência do que está ocorrendo de uma perspectiva separada do corpo. Às vezes essas pessoas têm a impressão de que estão viajando por um túnel para uma outra dimensão, onde, segundo relatos, costumam encontrar outras pessoas que sabem que já morreram.

**Faculdade psíquica**: Capacidade inata ao ser humano, que permite que nos comuniquemos com níveis diferentes de percepção fora do tempo e do espaço.

**Fantasma**: Manifestação de um espírito ligado à "Terra".

**Florais de Bach**: Descobertos pelo dr. Bach na década de 30, esse sistema terapêutico usa essências de flores para equilibrar os estados emocionais que, segundo o dr. Bach, são uma das causas principais de doenças. Informações sobre esses remédios podem ser obtidas por intermédio do The Bach Centre, Mount Vernon, Sotwell, Wallingford, Oxon OX10 0PZ, tel: 01491 834678.

**Genes**: Moléculas do DNA que moldam as características hereditárias.

**Guias**: Seres espirituais que ajudam as pessoas encarnadas.

**Hipnotismo**: Processo de indução de transe que transcende alguns aspectos da "mente egóica", para ter acesso às camadas mais profundas do eu.

**Homeopatia**: Baseada em conceitos antigos segundo os quais "semelhantes curam semelhantes", esse sistema terapêutico foi primeiramente sistematizado por Samuel Hahnemann em 1796. Trata-se da diluição de quantidades mínimas de uma variedade de substâncias que são conhecidas por produzir sintomas específicos quando tomadas em forma não-diluída. O homeopata procura equiparar o remédio homeopático aos sintomas do paciente. Hahnemann também acreditava que certas tendências a doenças hereditárias, conhecidas como miasmas, podiam ser transmitidas a gerações futuras. Se reprimidas ou não-tratadas corretamente, elas poderiam surgir de uma forma mais violenta no paciente ou em seus filhos.

**I Ching**: Literalmente significa "Livro das Mutações" e originou-se na China Antiga. Formou o oráculo divino que era usado para se compreender as forças espirituais prevalecentes com relação à pergunta feita, de modo que o consulente tomasse a decisão certa.

**Jing**: Energia ancestral expressa tanto pela liberação sexual, quanto pelo código genético. Originou-se da crença taoísta e chinesa antiga.

**Karma**: Crença hindu e budista baseada na lei de causa e efeito.

**Leis de polaridades**: *Ver* yin/yang.

**Mantra**: Palavra que é repetida em voz alta ou interiormente, como parte da disciplina da meditação.

**Meditação**: Palavra genérica que compreende uma grande variedade de métodos mentais para se ligar à fonte interior de nosso ser.

**Memória celular**: Capacidade que as células do corpo têm de manter lembranças ou informações relevantes para a vida do indivíduo. Sabe-se atualmente que essas lembranças podem ser transferidas de uma pessoa para outra, em operações de transplante. Nesses casos, o receptor pode obter informações a respeito do doador do órgão e, até mesmo, adotar alguns de seus traços psicológicos.

**Mente**: Aspecto do eu que é a base do consciente e do subconsciente. Ela faz a ligação entre o eu espiritual e as emoções.

**Mente egóica**: Aspecto do eu, ciente da sua individualidade, que tem consciência dos diferentes elementos do mundo físico e os reflete. Conseqüentemente, ela tende a responder mais prontamente às necessidades e apetites do eu físico e emocional do que do eu espiritual.

**Mudras**: Sistema de desenvolvimento interior que se baseia em determinadas posições das mãos. Essas posições geram uma energia de ressonância que une os diferentes aspectos do eu.

**Nobre Caminho do Meio**: Doutrina budista que procura o equilíbrio entre dois extremos.

**Numerologia**: Sistema de análise de princípios subjacentes que reduz tudo a números. De origem antiga, faz parte da tradição hebraica, na qual é conhecida como gematria, sendo também um aspecto do ensinamento de Pitágoras. A cada letra do alfabeto é atribuído um número e, assim, nomes ou palavras podem ser reduzidos a um número somando-se cada uma de suas partes. Esses números são então interpretados.

**Osteopatia**: Sistema de tratamento baseado na manipulação das articulações do corpo.

**Pesquisa com pêndulo (*dowsing*)**: Método utilizado para se obter informações com o uso de um pêndulo, de uma varinha ou de algum outro instrumento que amplie as sensações mais sutis do corpo físico.

**Programação neurolingüística (PNL)**: Arte e ciência da excelência pessoal fundada por John Grinder e Richard Bandler. Com base num estudo de três terapeutas famosos, percebeu-se que eles utilizavam padrões subjacentes semelhantes para resolver os problemas. A PNL tenta reformular o modo pelo qual pensamos a respeito de nossa realidade, a fim de provocar mudanças.

**Psicocinésico**: Capacidade que a mente tem para influenciar objetos físicos, aparelhos e máquinas, fazendo com que se movimentem ou se alterem por meios desconhecidos das leis da física.

**Psi-cura**: Outro nome dado à cura espiritual. A palavra "psi" é atualmente usada em estudos científicos paranormais e opõe-se à palavra "psique", devido à associação tendenciosa dessa última.

**Psique**: Do grego, significa "respiração" e é utilizada para referir-se à alma humana ou à força vital interior, motivadora.

**Radiônica**: Sistema de tratamento por vibrações, desenvolvido primeiramente por Albert Abrams nos Estados Unidos, no início do século XX. Originalmente, baseava-se na idéia de que cada substância ou doença produz uma energia eletromagnética radioativa a uma determinada freqüência, que pode ser prontamente medida. Abrams usou esse sistema para diagnosticar problemas nos pacientes. Em tempos modernos, o conceito foi ampliado e acredita-se que essas emanações originem-se de um nível etérico, não-físico. Para que o tratamento funcione, o praticante transmite de volta as freqüências corretoras, para provocar as mudanças necessárias.

**Reencarnação**: Crença de que cada alma vive uma série de vidas separadas e independentes.

**Reflexologia**: Sistema de tratamento baseado na massagem dos pés. Os reflexologistas acreditam que áreas diferentes dos pés relacionam-se a diferentes órgãos do corpo. Ao se massagear gentilmente alguns pontos, a energia da cura pode ser canalizada para áreas de desequilíbrio.

**Regressão**: Estado mental induzido por outra pessoa ou por ela mesma, para chegar às camadas inferiores normais da mente consciente.

**Reiki**: Sistema de cura semelhante à cura espiritual. Foi desenvolvido no século XIX por Mikao Usui, um teólogo cristão japonês, que afirmava ter redescoberto práticas de cura antigas tibetanas e de tê-las reinterpretado à luz dos métodos de cura de Jesus.

**Ressonância**: Conceito que explica como a energia é transferida entre as coisas ou pessoas num nível não-físico. Baseia-se na noção de que, quando dois objetos ressoam, do ponto de vista musical, a uma mesma freqüência, eles trocam energia entre si.

**Ressonância mórfica**: Conceito postulado pelo biólogo Rupert Sheldrake, segundo o qual as memórias ou hábitos da natureza são comunicados às espécies e ao longo das gerações. Essas informações são mantidas no "campo morfogênico" que rodeia e une todas as coisas vivas.

**Runas**: Alfabeto mágico escandinavo e teutônico antigo, utilizado para adivinhação ou para fazer magia.

**Shen**: "Espírito" na crença taoísta e chinesa antiga.

**Shiatsu**: Sistema de cura originário do Japão, que usa a pressão e a massagem dos dedos nos meridianos da acupuntura do corpo.

**Tao**: "O Caminho"; na crença chinesa antiga e taoísta significava o "caminho da ação correta".

**Tarô**: Sistema divinatório que se baseia em 78 cartas, divididas em Arcanos Maiores, com 22 cartas, e Arcanos Menores com 56 cartas.

**Telepatia**: Capacidade da mente de se comunicar diretamente com uma outra mente, através do espaço e do tempo.

**Terapia de família**: Terapia que considera a família, tanto a do passado quanto a do presente, como uma unidade, na qual cada membro é parte do todo. O método procura: "1) envolver toda a família no processo terapêutico; 2) desbloquear o sistema; 3) esclarecer padrões familiares; e 4) resolver e purificar questões familiares." (McGoldrick e Gerson, ver p. 104)

**Terapia de vidas passadas**: Sistema de cura que procura amenizar padrões comportamentais que se originam em experiências de vida passada.

**Terapia do cristal**: Terapia segundo a qual os cristais podem concentrar e ampliar a energia de cura, que é então dirigida a áreas de desequilíbrio no paciente. Ao se colocar a pedra certa sobre o campo de energia do corpo, pode-se gerar mudanças benéficas.

**Tipos de personalidade**: Método para se dividir as características humanas em uma série de categorias. Num enfoque mais simplificado, classifica os indivíduos em introvertidos ou extrovertidos.

**Visualização orientada**: Emprego de uma seqüência de exercícios que utilizam imagens para induzir diferentes estados psicológicos ou emocionais. Imagens como as que aparecem em sonhos agem como chave para as camadas mais profundas do consciente.

**Xamã**: Palavra que recentemente adquiriu um significado amplo. Originalmente, referia-se aos "curandeiros de espírito mágico", da Finlândia e da Ásia Central, e atualmente aplica-se de um modo geral a todos os indivíduos que adotam crenças semelhantes. Um dos principais símbolos mágicos do xamã é o tambor, utilizado para invocar a energia espiritual ou os seres espirituais.

**Xintoísmo**: Religião do Japão, que vê vida espiritual em todas as coisas. Os espíritos ancestrais do clã ou família são particularmente venerados.

**Yin/Yang**: Conceito desenvolvido na China Antiga, que via tudo de acordo com o mundo manifesto e das formas, baseando-se na inter-relação de duas forças, que são ao mesmo tempo opostas e complementares. Yang é o princípio da expressão, enquanto o yin é o da receptividade.

**Yoga**: A palavra deriva-se do sânscrito e significa "união com o eu espiritual". Trata-se de posturas corporais diferentes para obter estados superiores de conscientização.

# Bibliografia e Leitura Recomendada


**Capítulo 1**

*Karma and Reincarnation*: Hiroshi Motoyama (Piatkus, 1992)
*Healing the Family Tree*: Kenneth McAll (Shadow Press, 1982)

**Capítulo 2**

*Life After Life*: Raymond Moody (Bantam, 1978)
*Return from Death*: Margot Grey (Arkana, 1985)
*On Death and Dying*: Elizabeth Kübler Ross (Tavistock, 1970)
*The Tibetan Book of the Dead*: Traduzido por Robert Thurman (Aquarian, 1994) [*O Livro Tibetano dos Mortos*, publicado pela Editora Pensamento, 1985.]
*Twenty Cases Suggestive of Reincarnation*: Ian Stevenson (University Press, Charlottesville, 1974)
*Many Lifetimes*: Denise Kelsey and Joan Grant (Doubleday, 1967)
*Natural Creation of Natural Selection*: John Davidson (Element, 1992)

**Capítulo 3**

*Voices of Our Ancestors*: Dhyani Ywahoo (Shambala, 1987)
*Primal Myths*: Barbara Sproul (Rider,1979)
*Riding the Dragon*: Roselle Anguin (Element, 1994)
*Aboriginal Mythology*: Mudrooroo (Aquarian, 1994)
*The Power of Myth*: Joseph Conrad (Doubleday, 1988)
*The Four-Fold Way*: Angeles Arrien (HarperCollins, 1993)
*The Book of the Hopi*: Frank Waters (Ballantine Books, 1963)
*A Pictoral History of the American Indians*: Oliver Forge (Bonanza Books, 1976)
*Native American Traditions*: Arthur Versluis (Element, 1993)
*Tao Te Ching*: Traduzido por Gia-Fu-Feng e Jane English (Vantage Books, 1989) [*Tao-Te-King*, publicado pela Editora Pensamento, 1987.]
*I Ching*: Traduzido por Richard Wilhelm (Routledge, Kegan, Paul, 1968) [*I Ching*, publicado pela Editora Pensamento, 1983.]

*The Illustrated I Ching* : R. L. Wing (Aquarian, 1982)
*I Ching*: Martin Palmer, Jay Ramsay e Zhao Xiaomin (Thorsons, 1995)
*Celtic Gods Celtic Goddesses*: R. J. Stewart (Blandford, 1990)

**Capítulo 4**

*Healing Breakthroughs*: Dr. Larry Dossey (Piatkus, 1993)
*Other Lives, Other Selves*: Roger Woolger (Aquarian, 1994) [*As Várias Vidas da Alma*, publicado pela Editora Cultrix, 1994.]
*Possession*: *Demoniacal and Other*: T. K. Oesterreich (University Books, New York, 1966)

**Capítulo 5**

*The Presence of the Past*: Rupert Sheldrake (Fontana, 1989)
*Quantum Healing*: Deepak Chopra (Bantam, 1989)
*Twins*: Peter Watson (Sphere, 1984)

**Capítulo 6**

*Tracing Your Ancestors – The A-Z Guide*: Pauline Saul (Countryside Books, 1995)
*Tracing Your Ancestors*: A. M. Field (Treasure Press, 1982)
*Genograms in Family Assessment*: Monica McGoldrick and Randy Gerson (Norton e Co, 1985)

**Capítulo 7**

*Develop Your Intuition and Psychic Power*: David Furlong (Bloomsbury, 1996)
*Knowing Your Intuitive Mind*: Dale Olsen (Crystalline Publications, 1990)
*Clairvoyant Reality*: Lawrence LeShan (Thorsons, 1978)
*Family Secrets*: John Bradshaw (Piatkus, 1995)

**Capítulo 8**

*Dowsing*: Tom Williamson (Robert Hale, 1993)
*Practical Dowsing*: A. H. Bell (Bell & Sons, 1965)
*The Elements of Dowsing*: Henry de France (Bell & Sons, 1977)
*The Diviner's Handbook*: Tom Graves (Aquarian, 1986)

**Capítulo 9**

*The Complete Healer*: David Furlong (Piatkus, 1995) [*A Cura Total*, publicado pela Editora Pensamento, 1998.]
*Hands of Light*: Barbara Ann Brennan (Bantam, 1988) [*Mãos de Luz*, publicado pela Editora Pensamento, 1990.]
*Light Emerging*: Barbara Ann Brennan (Bantam, 1993) [*Luz Emergente*, publicado pela Editora Cultrix, 1995.]

*Your Healing Power*: Jack Angelo (Piatkus, 1994)
*I Fly Out With Bright Feathers*: Allegra Taylor (Fontana, 1987)
*Spiritual Healing*: Alan Young (DeVorss, 1981)
*The Awakened Mind* : Max Cade e Nona Coxhead (Wildwood House, 1979)
*Joy's Way*: Brugh Joy (Tarcher, 1979)
*Therapeutic Touch*: Dolores Krieger (Prentice Hall, 1979) [*Toque Terapêutico*, publicado pela Editora Pensamento, 1998.]

**Capítulo 10**
*The Ghost Hunter's Almanac*: Peter Underwood (Eric Dobby, 1993)
*Sacred Space*: Denise Linn (Rider, 1995)
*Feng Shui*: Sarah Roosbach (Rider, 1986)
*Feng Shui*: Derek Walters (Pagoda, 1988)

# TAO-TE KING

## LAO-TZU

O *Tao-Te King,* obra de Lao-Tzu, a mais alta expressão do pensamento chinês, constitui por si só um completo sistema filosófico, dotado de uma Metafísica, que entrevê e descreve no Tao a causa primeira, o bem supremo do Universo; de uma Moral, que indica ao homem o caminho para alcançar o seu próprio fim; e de uma Política, que mostra aos governantes a estrada que estes devem percorrer para o progresso e o bem-estar do povo.

Nenhuma outra obra da literatura chinesa atraiu tanta atenção quanto esta. Com exceção da Bíblia, é o livro mais traduzido de quantos já foram escritos. Sobre ele foram publicados mais comentários do que sobre qualquer outro clássico da literatura chinesa.

A presente tradução baseia-se na versão alemã de Richard Wilhelm, célebre pela excelente tradução que fez do *I Ching, o livro das mutações,* já publicado por esta Editora. Sua introdução, comentário e notas aos ensinamentos de Lao-Tzu mostram o que o *Tao-Te King* significa para a cultura chinesa e o que pode significar para o leitor moderno.

EDITORA PENSAMENTO

# DESPERTANDO SEUS PODERES PSÍQUICOS

*Henry Reed*

*"Existe um momento na terra em que as pessoas, em todos os lugares, procuram saber mais a respeito da mente e da alma."*

Edgar Cayce

- O que significa ter poderes psíquicos ativos?
- Qual a origem desses poderes?
- Existem maneiras seguras e efetivas de desenvolver essas capacidades?
- O que sentimos quando percebemos que somos dotados desses poderes?
- Quais são os usos positivos e práticos de nossos poderes psíquicos?

Neste livro prático e singular, o leitor encontrará respostas para essas perguntas e muito mais. Seu autor extrai do trabalho de Edgar Cayce — um homem que encarou de frente os desafios que se apresentam aos que são dotados de poderes psíquicos incomuns — toda uma riqueza e experiência a serem compartilhadas entre todos os que querem conhecer melhor suas capacidades interiores latentes.

Em *Despertando seus Poderes Psíquicos,* Henry Reed — autor conhecido por suas pesquisas sobre sonhos — analisa o trabalho de Cayce e o relaciona com o de grandes pensadores, incluindo Carl Jung, Lawrence Leshan e Rupert Sheldrake, para nos ajudar a compreender a origem e o propósito de nossos poderes psíquicos, a reconhecer nossas capacidades inatas e a desenvolver esses poderes transformando-os em energias inteligentes capazes de modificar a nossa vida.

EDITORA PENSAMENTO